「注目ワード」で読み解く
金融業界の新常識

株式会社 野村総合研究所
NRIセキュアテクノロジーズ 株式会社
編著

銀行研修社

はしがき

金融機関が提供するサービスの拡大や金融商品の多様化、そしてこれらを支えるテクノロジーの急速な発展により、金融業界では日々新たな用語と概念が生まれています。例えば近年では、ESG 金融、フィンテック、デジタルトランスフォーメーション（DX）、AML／CFT、サイバーセキュリティといったテーマが重要なトピックとして浮上してきており、金融機関のそれぞれへの対応状況などを耳にする機会も少なくありません。

しかし、日常的に使う機会が増えているにも関わらず、こうした新たな用語の意味が正しく理解され、適切に活用されているとは必ずしも言い難いようです。金融のプロフェッショナルでも、しばしば「知っているようで知らない」、あるいは「知ったかぶりをしながら使っている」用語があるのではないでしょうか。用語を曖昧な理解のままに使い続けていると、情報を正確に理解する事が阻害されるほか、思いがけない勘違いやミスコミュニケーションを引き起こしかねません。

本書は、「金融業界の新常識」となりつつある新たな金融用語を、１つひとつ丁寧に、そして分かりやすく解説することを目指しています。注目テーマとして、「ESG 金融」「金融イノベーション＆テクノロジー」「AML／CFT／金融リスク」「サイバーセキュリティ」「DX／ICT」の５つを選定し、それぞれのテーマの中で、キーとなる用語を厳選しました。さらに各テーマの中でも、トレンドを反映させる形で用語を分類してあります。「用語集」という性質の書籍では、検索のしやすさから50音順で用語を並べていくのが一般的ですが、本書では大テーマから小テーマに流れていくような順番を意識して用語を収録しており、これにより、「用語を調べる」ような使い方だけではなく、「通読」もできるような書籍となっています。

用語の解説は、その背後にある理論や実務への応用を例示するようにしました。また、実際のニュースや市場データを基にした解説を交え、用語の使い方や意味合いを具体的に示します。さらに、できる限り視覚的な要素を取り入れ、図解を用いて理解を助けるようにしています。

本書は、金融のプロフェッショナルだけでなく、金融業界に興味を持つ学生や一般消費者、そして金融に直接関わる金融機関の行職員にとっても、これらの用語を正しく理解し、現代の経済活動においてより良い意思決定を下すための参考資料となることを目指しています。読者が本書を通読することで、金融の世界が一層身近なものとなること、自信を持って用語を使いこなし、さらにはこれらの知識を活かして日々の業務や生活に役立てることができるようになることを願っております。

2023年12月

株式会社野村総合研究所
NRI セキュアテクノロジーズ株式会社

目　次

Part 1　ESG 金融

Part 3　AML／CFT／金融リスク

50音目次

——< ALPHABET >——

——< NUMBER >——

——< あ >——

——＜さ＞——

——＜た＞——

Part 1
ESG 金融

PRI（責任投資原則）

◎PRI とは機関投資家が ESG 課題に取り組むための投資原則

責任投資原則（PRI：Principles for Responsible Investment）とは、国際連合が2006年に公表し、企業分析や評価を行う上で長期的な視点を持って ESG 課題を考慮した投資行動を推進するように金融業界に提唱した投資原則である。PRI では、ESG 課題が投資ポートフォリオや長期的な利益に影響を与えるという考えのもと、投資家をより広範な社会目標に沿わせることを目的としている。

◎PRI の６原則

PRI は、６つの責任投資原則を明示している。

1．投資分析と意思決定のプロセスに ESG 課題を組み込むこと。
2．活動的な株式所有者になり、株式の所有方針と所有慣習に ESG 課題を組み込むこと。
3．投資対象の主体に ESG 課題の適切な開示を求めること。
4．資産運用業界の中で、当原則が受け入れられ実行されるよう促進すること。
5．当原則を実行する際の効果を高めるために協働すること。
6．当原則の実行に関して、活動や進捗を報告すること。

また、PRI には、6原則それぞれに対して考えられる実施例も示されている。

◎国内動向

国内では、2015年に年金積立金管理運用独立行政法人が PRI に署名したことをきっかけに、ESG 投資への注目度が高まった。2023年8月現在では、国内で123社が PRI に署名している。

ESG／SDGs

◎ESG は、主に投資家による企業に対する評価の枠組みの1つ

環境・社会・ガバナンスの頭文字を取って作られたESGは、企業が長期的に成長するために考慮すべき要素であり、主に投資家を中心とした金融機関が企業を評価する際の枠組みの1つである。2006年のPRI発足を機に、社会の注目が集まった。日本においては、2017年に年金積立金管理運用独立行政法人（GPIF）がESGの要素に配慮した日本株ESG指数を選定し、パッシブ運用を開始したことで、ESGに基づく資産運用や企業によるESGを考慮した情報開示が重視されるようになった。

◎SDGs は、企業や政府等、ステークホルダーが目指す国際目標

SDGs（Sustainable Development Goals：持続可能な開発目標）とは、2015年９月の国連サミットにおいて採択された、2030年までに持続可能でよりよい世界を目指す国際目標であり、17のゴールと169のターゲットで構成される。SDGsは国連や政府だけではなく、企業や自治体を含むあらゆる主体を対象としている。企業は自社の事業や社会貢献活動を通じたSDGsの達成に取り組むようになった。

◎ESG と SDGs は位置づけや活用方法の点で異なる概念である

ESGとSDGsはいずれも複数のサステナビリティテーマを内包する概念であるが、主に２つの観点から違いを明らかにすることができる。

１点目は、その位置づけであり、ESGは企業を評価する「観点」を表しており、SDGsは国際的に実現を目指す「目標」を表している。

２点目は、活用方法である。ESGは、主に投資家や金融機関が企業を評価するために用いられる。現在、多くの格付け機関がサステナビリ

ティの観点から企業を評価しているが、大半がE・S・Gの枠組みを踏まえた評価体系を採用している。一方SDGsは、企業が自社の取組みの検討や整理を行う際に用いられることが多く、自社の取組みがどのSDGsのゴールの達成に貢献するかを整理し、そのプロセスと結果を社内外に発信している。

◎銀行において想定されるESG／SDGsの活用方法

例えば銀行業務において、ESGの枠組みを用いる場面の１つとして、事業性評価とその対応支援が考えられる。リスクの面では、人権侵害や大気汚染等、環境や社会に悪影響を及ぼし、事業継続に影響を与えうるリスクを洗い出し、事業性を評価する。機会の面では、脱炭素技術や環境配慮型製品などの売上の向上に繋がる機会を見出し、金融サービスを通じた支援を提供する等、ESGの活用方法がある。

他方、SDGsの枠組みを用いる場面としては、自社の新規事業の検討が考えられる。SDGsの達成は国・政府・民間企業等あらゆる主体が取り組むべき課題であるため、SDGsに係る社会課題解決をビジネスチャンスとして捉え、新規事業を検討する企業が増えている。

	ESG	SDGs
位置づけ	企業を評価する「観点」	国際的に実現を目指す「目標」
活用方法	主に投資家や金融機関が企業を評価するために用いられる	企業が自社の取組の検討や整理を行う際に用いられる
具体例	事業性評価	新規ビジネス検討

関連用語≫

PRI…18頁参照

サステナビリティ経営

◎サステナビリティ経営は経済・社会・環境の共存を目指す経営方法

企業と社会が共存し、経済・環境・社会それぞれの持続可能な姿の実現を目指す経営のことである。企業と社会の持続可能性が問い直され、これまでの経済価値中心の経営スタイルから、経済・環境・社会価値を創出し続ける経営への変革が求められている。

◎CSR からサステナビリティ経営へ

図表のとおり、1990年代頃までは経済価値が中心であった。2000年代に入ると、環境・社会価値がより意識され、2010年代前半には環境・社会価値を両立させる CSV 経営が提唱された。2010年代後半には、経済・環境・社会価値が共存し、持続可能な姿の実現を見指すサステナビリティ経営が求められるようになった。

図表　経済価値中心の経営からサステナビリティ経営への変遷

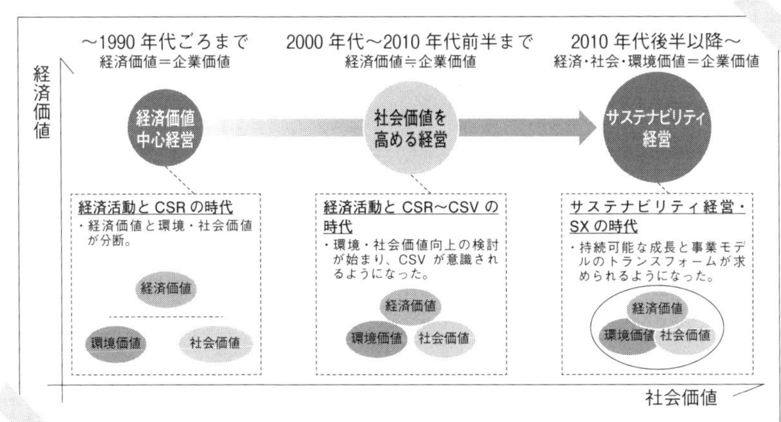

パーパス

◎揺らがない社会的存在意義のこと

　パーパスとは、時代によって変わることのない社会的な存在意義のことである。ミッションやビジョンと比べると、パーパスは社会的な関わり合いという側面をより強く持ち、また組織内外のステークホルダーに共感されるものである点に違いがある。

◎重視される背景には、社会・企業・個人の変化が大きく影響

　パーパスが重視される背景には主に３つの観点が存在する。

①　深刻化・複雑化した社会課題解決のために、企業にはますます社会的な貢献を果たすことが期待されていること。

②　事業環境が不安定で不確実な時代と言われる昨今、業界の垣根や物理的な制約を超えた世界的なマーケットにおいて、企業は唯一無二の価値を提供することが重視されていること。

③　物質的な豊かさが飽和状態にある消費者に対し、他との明確な違いを示す必要があること。

　以上の観点から、企業の普遍的で社会的な存在意義であるパーパスが重視され、注目されている。

◎パーパスを設定することで、パーパスを起点とした経営が可能になる

　パーパスによって、激しい事業環境や価値観の変化が起きる現代社会においても、一貫した軸のある企業経営を行うことができる。

マテリアリティ

◎マテリアリティとは優先して取り組む社会課題

マテリアリティとは、企業が優先して取り組む社会課題のことであり、持続可能性に関わる取組みや情報開示の軸となる。一般に、マテリアリティは、気候変動、人権、生物多様性など様々な社会課題の中から、自社の事業の特性を踏まえて特定される。日本語では「重要課題」「重要性」と訳されることが多い。

◎資本市場からの情報開示要請は重要なきっかけ

投資家が企業の中長期的な企業価値や持続可能性を判断する上で、企業のESGへの取組み・開示の重要性は増している。国内でも、非財務に関する取組みや無形資産の重要性が改めて指摘され、資本市場への説明が求められるようになった。

マテリアリティは統合報告書やサステナビリティレポートに記載されることが多いが、昨今では有価証券報告書への記載についての議論も進んでいる。

◎マテリアリティに紐づく目標は、持続可能性における重要指標

マテリアリティに紐づけて長期の目標を設定するケースは多い。例えば、企業が気候変動をマテリアリティとした場合に、温室効果ガス排出量の2050年のネットゼロや2030年の中間目標などは分かりやすい例の１つである。マテリアリティに関する目標をはじめ、ガバナンスや機会・リスクを明確にし、実態を伴った活動が企業には求められている。

非財務情報開示／ESG 情報開示

◎ 非財務情報開示／ESG 情報開示とは

非財務情報開示／ESG 情報開示とは、従来公開されてきた財務情報とは異なる、企業の非財務情報を公開することである。代表的な例として、二酸化炭素排出量や女性管理職比率等があげられる。非財務情報の掲載方法として、統合報告書やサステナビリティブック上に記載する方法や、自社サイト上で公開する方法が主流である。さらに詳細なデータを載せる場合は、ESG データブック、ESG データページ等に記載する方法が一般的である。

◎ ESG 投資の拡大とスチュワードシップ・コードが普及の背景

ESG 投資の拡大に伴い、機関投資家からの ESG 情報開示要請は増加傾向にある。それに応えるため、世界中の企業で様々な媒体を通じ ESG 情報開示対応が進められている。

また日本では、2014年に策定、2020年に再改訂されたスチュワードシップ・コードにおいて、「(企業の) 運用戦略に応じたサステナビリティの考慮」が盛り込まれた。これにより、機関投資家が企業や事業の中長期的な持続可能性を責任持って判断するために、必要な ESG 情報開示を求める動きはますます活発になると考えられる。

◎ 企業価値向上や経営リスク抑制、企業の行動変革の促進につながる

一般的には、ESG 情報開示によって大きく以下４つのメリットがあるといわれている。

① 企業の透明性向上及びステークホルダーとの関係改善

② 開示情報に基づく投資家との対話により、企業価値向上や中長期的な成長を達成しやすくなる
③ 経営リスクの抑制
④ 企業行動の変革促進（事業の持続可能性を優先する、経営者の信頼性への改善等）

◎投資家はESG情報を利用する際、基本的な考え方を示す必要がある

企業によって開示されたESG情報を利用する機関投資家も、投資判断においてESG情報をどのように利用するかについての基本的な考え方を一般に明らかにすることが重要である。これによって、企業にとっても評価結果の改善がどのような効果をもたらすか、具体的に理解することにつながるためである。

そのためにも、投資家は情報開示基準や評価機関等によって異なる特性・差異を丁寧に理解する必要がある。すなわち個々の評価機関がどのような方針の下で評価等を実施しているか把握することが、より深い企業理解につながると考えられる。また、その上で企業の実態と評価結果に乖離があると認められた場合は、投資家対話（エンゲージメント）などの目的を持った企業との対話が有益と考えられる。

近年、投資家においては、複数の評価機関の結果を比較しつつ、投資家自らの視点も加味して運用を行う先が多くなっている。このような場合においても、投資家におけるESG情報利用の一環として、そのあり方を明らかにすることが望ましい。

関連用語≫
統合報告書…26頁参照
ESG／SDGs…19頁参照
投資家対話（エンゲージメント）…28頁参照

統合報告書

◎ 近年、財務情報と非財務情報の統合的な開示が求められている

統合報告書は、財務情報と非財務情報の両方を統合的に公開するものであり、2010年に創設された国際統合報告委員会のフレームワークに端を発している。これまでは企業の価値を推しはかる情報として有価証券報告書、決算短信、そして決算説明会資料の３つがあった。これらとは別に非財務情報は、環境問題や人材育成への取組み、コーポレートガバナンス、CSR、ESG に関連する取組み、知的財産等を記載したサステナビリティレポートで発信されてきた。しかし、近年では企業価値の源泉を財務情報だけでは表せないと認識されるようになり、財務情報と非財務情報の統合的な開示が求められるようになった。実際、S&P500の構成銘柄の市場価値に占める無形資産・無形要素の構成割合が90%に達するという調査結果が存在する。

◎ 統合報告書は企業の長期的価値創造戦略を説明している

統合報告書では、法的開示が求められている財務情報と、事業概況や経営方針及び企業統治や社会的責任等が記載されている非財務情報が統合されており、投資家に向けて企業の長期的な価値創造戦略を説明したレポートとなっている。

統合報告書は、投資家に向けて ESG 経営に対する取組みをアピールすることが目的の１つではあるが、同時に様々なステークホルダーと良好な関係を保つことに役立つ資料でもある。そのため、作成時には様々な立場から読まれることを念頭に置くことが重要である。例えば、作成を他社に依頼することは、第三者視点を取り入れるという点において有益だと言えるだろう。

◎統合報告書で注目したい点は2点

統合報告書を読み解くに当たってポイントは2つあると考えられる。1つは「マテリアリティ」である。企業がどのような社会課題を重視しているのかが分かるとともに、主要施策とマテリアリティの関係を知ることができる。もう1つは「価値創造プロセス」である。価値創造プロセスとは、企業が長期にわたってどのようなプロセスで価値創出するのかを示したものである。外部環境の影響を受けている中、6分類の資本（財務／製造／知的／人的／社会関係／自然）をインプットして、事業活動を通してどのようなアウトプットに変換されるのか、さらには資本への影響を意味するアウトカムがどのように創出されるのかを示している。価値創造プロセスを確認することによって、企業が自社の持続可能性を主張するロジックが妥当であるかを検証することができる。

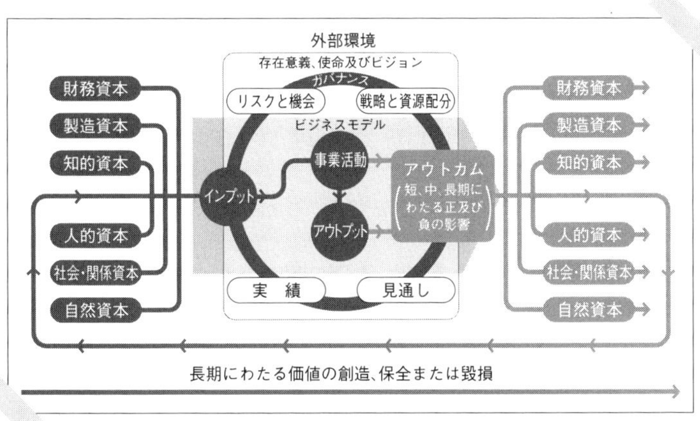

関連用語≫

マテリアリティ…23頁参照

サステナビリティレポート…企業が環境や人権など社会的問題にどのように取り組んでいるのか、ステークホルダーやESG評価機関に向けて公開するための報告書

投資家対話（エンゲージメント）

◎投資家対話とは、投資家と企業の建設的で目的のある対話のこと

投資家対話（エンゲージメント）とは、機関投資家による投資先企業やその事業環境等に関する深い理解に基づく建設的な「目的を持った対話」のことである。その目的は主に中長期的な企業価値の向上と、持続的な成長を実現することにある。

◎重視される背景に、ESG 投資の拡大

ESG 投資の拡大に伴い増加傾向にある ESG 情報開示であるが、事業環境が激しく変化する中、企業は中長期的な目線で経営戦略を策定する必要があり、投資家もそれを正確に理解する必要がある。その際、相互理解を深めるためにも、投資家との建設的な対話が重要であると考えられている。

◎投資家対話の手段は複数存在。複数の機関投資家が協働するケースも

投資家は、議決権行使のプロセスや企業との個別ミーティング、個別の意見書、企業が開催する ESG 説明会を通じたエンゲージメントを行っている。加えて、近年複数の機関投資家が協働して企業と対話を行う「集団的エンゲージメント」の動きも見られる。

◎投資家対話促進のための取組みに関するガイドラインも提示

インベストメント・チェーンにおける投資家対話は、投資家・企業間で行われるものではあるが、アセット・オーナーや議決権行使助言会社等のステークホルダーによる影響は大きい。一般社団法人日本経済団体

連合会は、投資家対話のさらなる促進を狙って、各ステークホルダーに求められる取組みを５段階で整理している（図表参照）。

1．建設的対話に資する情報開示の充実

企業による情報開示が、投資家対話の出発点となる。

2．質の高い対話の好循環へ

従来の投資家対話では、一方的な質疑応答など形式的な対話に終始するケースがあった。企業・投資家の双方が、相手の関心事項や目指している方向性について議論を深めることが重要である。

3．議決権行使助言会社の適切な機能発揮

議決権行使助言会社と企業の対話、助言策定プロセスの透明化等により、助言基準を形式的に満たすような企業の対応を抑制する。

4．デジタル技術等の活用

日本では株主総会等の時期が集中する傾向にあり、各議案に対する精査が難しい状況である。デジタル技術を活用し、効率化を推進する必要がある。

5．より長期の視点に基づく対話

「長期ビジョン」の想定期間は、企業によってばらつきがある状態

インベストメント・チェーンにおける各主体と建設的な対話の位置づけ

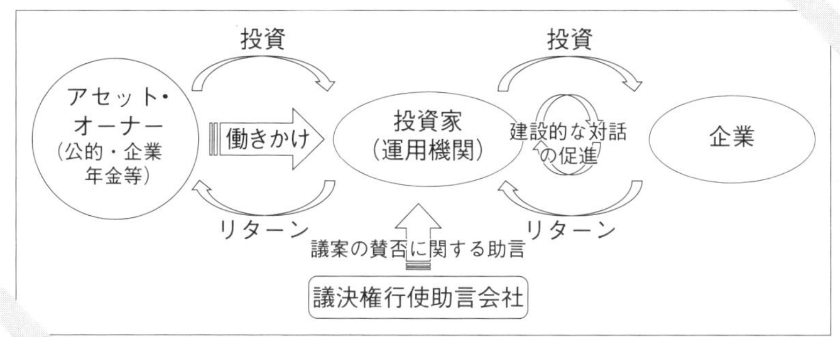

である。10年単位の長期的視点から、ESG 情報と事業の持続可能性や企業価値向上につなげるストーリーの検討が重要である。

◎投資家対話の進化と未来への影響

投資家対話は、単なる情報共有の場を超え、企業の持続可能な成長と価値創造の中核要素へと進化している。企業と投資家間の対話をより戦略的に行うためには、経営陣と投資家双方が深い洞察を共有し、共通の理解を築くことが求められる。そのためには、投資家の投資哲学や戦略と企業の長期ビジョンが緊密にリンクしている必要がある。

対話の質を高めるためには、定性的な情報だけでなく、定量的なパフォーマンス指標に基づく評価も不可欠である。例えば、ESG 指標の具体的な数値目標や、それを達成するためのアクションプランの共有が挙げられる。また、投資家との対話を通じて、企業は社会課題への取組みやイノベーションの促進を、自社のコアビジネス戦略として明確に打ち出すことができる。

投資家対話は今後、経営戦略の形成においてさらに中心的な役割を果たすことになると予想される。投資家と企業の間で共有される価値観の確立と、相互理解を深めるためのコミュニケーションスキルの研鑽が不可欠となりそうだ。

伊藤レポート

◎伊藤レポートとは

伊藤レポートとは、2014年8月に経済産業省が公表した「持続的成長への競争力とインセンティブ～企業と投資家の望ましい関係構築～」プロジェクトに関する最終報告書の通称である。座長である伊藤邦夫氏の名前に由来する。このレポートは、イノベーション創出と高収益を同時に実現し、企業と投資家の協創を通じ持続的に価値創造するための方向性を示すものである。

◎伊藤レポートは第3版が公表。人材版も既に第2版が公表

2017年には続編となる伊藤レポート2.0が公表され、無形資産への投資や ESG 対応を含めた価値創造ストーリーの重要性が強調された。2022年には伊藤レポート3.0が公表され、社会と企業のサステナビリティの同期化とそれに向けた変革（サステナビリティ・トランスフォーメーション）を促すものとなっている。

これらとは別に、人材版伊藤レポートと呼ばれる報告書が同省より公表されている。持続的な企業価値の向上と人的資本に関する研究会の報告書が2020年に公表され、これが人材版伊藤レポートの初版となる。2022年には、デジタル、脱炭素、コロナ禍等の社会変化を踏まえて人材版伊藤レポート2.0として更新され、経営戦略と人材戦略を連動させるための視点や要素が整理されている。

いずれのレポートも日本の企業や投資家にとって、不足していた視点や考え方を示すものであり、実践に活かされることが望まれる。

SX（サステナビリティ・トランスフォーメーション）

ESG 金融の基本

◎SX は社会と企業のサステナビリティを同期化させる経営・事業変革

SX とは、社会の持続可能性に資する長期的な価値提供を行うことを通じて、自社の長期的かつ持続的に成長原資を生み出す力（稼ぐ力）の向上とさらなる価値創出へとつなげていくため、経営や事業を変革（トランスフォーメーション）させることである。

◎「伊藤レポート」にて強調された SX 実践の重要性

伊藤レポートでは、一貫して企業のサステナビリティを向上させること、そのための投資家等との間の建設的な対話・エンゲージメントや開示の重要性、ESG の視点の重要性が提唱されてきた。特に、2022年増補編である「伊藤レポート3.0」では、企業の長期的・持続的な価値創造のために、「SX」の重要性が強調された。

◎目指す姿から逆算した長期価値創造に資する戦略の構築・実践

SX 実現のための取組みとして以下の取組みが求められる。

1．社会のサステナビリティを踏まえた目指す姿の明確化

企業・社員の行動の判断軸となる「価値観」を明確にし、価値観に基づき自社が解決すべき社会の「重要課題」を特定する

2．目指す姿に基づく長期価値創造を実現するための戦略の構築

長期的に目指す姿に基づいてビジネスモデルを構築・変革するために、有形無形資産への投資計画を含む実行戦略を構築する

3．長期価値創造を実効的に推進するための KPI・ガバナンスと、実質的な対話を通じたさらなる磨き上げ

ステークホルダー資本主義

ESG 金融の基本

◎ステークホルダー資本主義とは、全ステークホルダーを重視すること

ステークホルダー資本主義とは、企業を取り巻く全てのステークホルダーを重視する、新たな資本主義の在り方のことである。株主を重んじた従来の株主資本主義に比べ、さらなる公平性、平等性、持続可能性を備え、社会全体のすべてのステークホルダーに価値を提供し、社会全体にプラスの影響をもたらすことを目的としている。実際に、ステークホルダー資本主義に基づいた経営を実現し、株主への利益の還元のほか、自社技術の無償・割引提供による社会の課題解決のための寄付活動や、従業員によるボランティア活動などによる社会貢献を実現している例もある。

◎普及のきっかけは、2020年のダボス会議

2020年に開催されたダボス会議パネルセッションにて、ステークホルダー資本主義と企業のリーダーシップについての議論がなされたことをきっかけに、広く知られるようになった。

◎株主資本主義への懸念から、ステークホルダー資本主義へ

従来の株主資本主義は、株主への利益最大化が重要視されていた。その結果、企業は短期的な利益を追求するため、環境や自社の従業員、地域社会へ負荷をかけるケースが多かった。こうした状況にESG リスクは高まる一方であり、企業の持続可能性に懸念があることから、ステークホルダー資本主義が提唱され、世界中に浸透しつつある。

ソーシャルビジネス

◎ソーシャルビジネスとは、社会課題解決を目的とする事業

ソーシャルビジネスとは、社会課題解決を目的とする事業のことである。グラミン銀行創設者かつソーシャルビジネスの父として知られるムハマド・ユヌス博士はソーシャルビジネスの原則として「事業の目的は利益の最大化ではなく、貧困・教育・環境等の社会問題を解決することである」と提唱している。また、経済産業省のソーシャルビジネス研究会によると、ソーシャルビジネスを社会性・事業性・革新性の３つの要素を満たす事業と定義しており、社会課題解決を目的としながらも継続的に事業活動を行い、商品・サービスを開発しながら新しい社会的価値を創出することが重要とされている。

◎ボランティア活動や一般的な事業との違いは収益化方法と事業目的

ボランティア活動との違いは、寄付金等の外部資金に頼らず自ら事業収益を上げることで継続的な社会支援を可能にしている点である。また、一般的なビジネスとの違いは、利益の最大化ではなく、社会課題解決を目的としている点である。最近は多くの企業が経済的価値と社会的価値の両立意識する CSV 経営を推進しているが、CSV 経営は２つの価値の両立を意識しつつも目的はあくまで利益追求であり、ソーシャルビジネスは社会的価値が最優先となっており、社会的価値の比重が異なる。

社会課題解決を目的としているため、ビジネスマネジメント面では資金や人材の不足という課題を抱えており、購入型クランドファンディングを用いて活動資金を調達するケースや、社会貢献をしたいビジネスパーソンがスキルや経験を生かしてボランティア活動をするプロボノを利用するケースも増えている。

サステナブルファイナンス

ESG 金融の基本

◎持続可能な社会を実現するための金融

サステナブルファイナンスは、金融庁「サステナブルファイナンス有識者会議第三次報告書」において、「新たな産業・社会構造への転換を促し、持続可能な社会を実現するための金融」と定義されている。SDGs の採択等を背景に、持続可能な社会の実現が求められる中で、国連では2030年までに SDGs を達成するために必要な投資は世界で年間５兆から７兆ドルとされており、新たな産業・社会構造への転換を促すために民間セクターの投融資が期待されている。こうした動きに国内外の投資家や金融機関も同調し、経済産業省資料によると、ESG 関連資産へのサステナブル投資規模は2025年までに53兆ドルを超える見込みであるとされている。

◎サステナブル投資は様々なアプローチがある

直接投資分野におけるサステナブルファイナンスは様々なアプローチで実践されている。サステナブル投資の推進団体である GSIA（Global Sustainable Investment Alliance）は、サステナブル投資を以下のように分類している。

1．ESG インテグレーション
　運用機関が、環境、社会、ガバナンスの要因を、財務分析に体系的かつ明示的に組み込むこと。
2．コーポレートエンゲージメントと議決権行使
　企業行動に影響を与えるために株主の権利を用いること。
3．国際規範に基づくスクリーニング
　国連や OECD 等が公表する国際的規範に基づいて企業や発行体を

投資対象としてスクリーニングすること。

4．ネガティブ／除外スクリーニング
特定の事業活動等を投資対象外として設定し、企業や発行体等をファンドやポートフォリオから除外すること。

5．ポジティブ／ベストクラス・スクリーニング
同業他社比で ESG パフォーマンスに優れており、一定の評価を達成したセクターや企業、プロジェクトを対象に投資すること。

6．サステナビリティ・テーマ型投資
環境・社会での持続可能な解決策として、具体的に貢献しているテーマや資産に投資すること。

7．インパクト投資
社会・環境にポジティブな影響を与えるための投資（37頁参照）

◎サステナブルローン・ボンドは資金使途の特定／非特定で大別される

間接投資分野におけるサステナブルファイナンスは、ICMA（International Capital Market Association）を中心とする国際的原則への適合が求められる。資金使途が特定されているファイナンスとしては、環境問題の解決に資するプロジェクトに使用されるグリーンローン（ボンド）。社会問題の解決に資するプロジェクトに使用されるソーシャルローン（ボンド）、低炭素社会への移行に資するプロジェクトに使用されるトランジションローン（ボンド）が存在する。

一方、資金使途を特定しないファイナンスとして、サステナビリティ・リンク・ローン（ボンド）が存在し、企業のサステナビリティ戦略に沿った KPI を設定し、目標の達成状況に応じて金利等の借入条件が変動する仕組みとなっている。

インパクトファイナンス

ESG 金融の基本

◎インパクトを生み出し、リスク・リターンを確保しようとするもの

投融資において環境・社会へのインパクトを追求する多様な動きのうち、ESG 金融の発展形として適切なリスク・リターンを追求するものである。また、環境省 ESG 金融ハイレベル・パネルの定義では以下の４つを全て満たすものをインパクトファイナンスと呼ぶ。

1. 投融資時に、環境、社会のいずれの側面においても重大なネガティブインパクトを適切に緩和・管理することを前提に、少なくとも１つの側面においてポジティブなインパクトを生み出す意図を持つもの
2. インパクトの評価及びモニタリングを行うもの
3. インパクトの評価及びモニタリング結果の情報開示を行うもの
4. 中長期的な視点に基づき、個々の金融機関／投資家にとって適切なリスク・リターンを確保しようとするもの

◎インパクトファイナンスの特徴と意義

従来の ESG 投融資と比較すると、明確にインパクトを意図し、測定を行う点がその特徴であり、ESG インテグレーションやエンゲージメント、サステナビリティ・テーマ型投資の実践を深めようとする ESG 投融資の発展形として考えることができる。意義としては、投融資や企業の事業活動におけるポジティブなインパクトへの意図やコミットメントが可視化されることにより、投融資先企業や金融機関／投資家自身の価値・競争力の維持・向上につながり、この動きが拡大することで社会全体のサステナビリティ向上を支えることが挙げられる。

ソーシャルインパクトボンド

ESG 金融の基本

◎ソーシャルインパクトボンドとは、成果志向の官民連携の仕組み

ソーシャルインパクトボンドとは、官民連携の仕組みの１つであり、サービス提供者が民間資金を活用して革新的な社会課題解決型の事業を実施し、その事業成果（社会コストの効率化部分）を支払の原資とすることを目指す仕組みのことである。

◎行政がソーシャルインパクトボンドを導入する狙い

これまでは100%行政が負担していたコストの一部を先行投資として投資家やサービス提供者が負担し、結果に応じて成果報酬を支払うこ

ソーシャルインパクトボンド（ＳＩＢ）

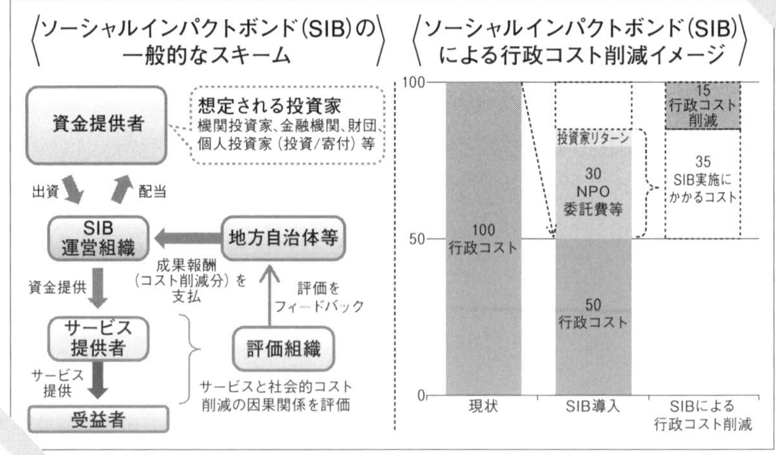

出所：経済産業省「新しい官民連携の仕組み：ソーシャル・インパクト・ボンド（ＳＩＢ）の概要」

とで、行政の初期的なコスト負担を抑制することを狙いとしている。

◎ソーシャルインパクトボンドの組成・推進体制

ソーシャルインパクトボンドを実施する際には、中立的に事業成果を評価する第三者機関や、行政・資金提供者・サービス提供者等の調整・案件形成を担う中間支援組織が必要とされる。金融機関の重要な役割は、資金提供者として事業規模や性質に応じた推進体制を検討することである。

◎ソーシャルインパクトボンドの未来と挑戦

ソーシャルインパクトボンドの概念は、公共の問題解決に新たな財源をもたらすと共に、民間のイノベーションを公共サービスに取り入れることも可能にする。そのためソーシャルインパクトボンドを通じて、民間の投資家は社会問題の解決に直接貢献すると同時に、その成果が十分に達成された場合には投資に対するリターンを得ることが期待されている。

上記のとおり、ソーシャルインパクトボンドは政府や地方自治体が抱える財政圧力を軽減することを狙いとしており、予算削減が求められる中で、社会サービスの質を維持しつつ、コスト効率を向上させる新しい手法を提供する。しかし、その実施には、政策立案者、サービス提供者、投資家間での広範な合意形成が必要とされ、このプロセスは複雑な交渉と精緻な計画を必要とする。

今後、ソーシャルインパクトボンドは、教育、健康、雇用、環境など、より広い分野に適用される可能性を秘めている。成功事例の蓄積とともに、この革新的なファイナンスモデルは、持続可能な開発目標（SDGs）達成のための強力なツールとなることが期待されている。

パリ協定

◎パリ協定は、気候変動対応に関する国際的な枠組み

パリ協定とは、フランス・パリで2015年に開催された国連気候変動枠組条約締約国会議（COP21）にて採択された、気候変動に関する国際的な枠組みである。2020年以降の温室効果ガス排出削減について定められ、1997年に合意された京都議定書の後継となるものである。先進国のみではなく、加盟する全ての国が参加することをルール化した歴史上初の合意である。

◎世界共通の長期目標に基づき、全ての国が削減目標を設定

パリ協定で合意された主な内容は以下のとおり。

- ・世界共通の長期目標：平均気温の上昇を産業革命以前と比べて2℃より十分に低く保ち、1.5℃に抑える努力を追求すること
- ・目標の提出・更新：全ての国が温室効果ガス削減目標を自ら定め、5年ごとに提出・更新すること
- ・途上国支援：先進国による途上国への資金援助ならびに、途上国も自主的な資金提供を行うこと
- ・技術革新：技術開発を通じた革新的なイノベーションを起こすこと
- ・市場メカニズム：二国間クレジット制度を含めた市場メカニズムを活用すること

◎パリ協定は、産業界・金融界へも影響

パリ協定は、産業界・金融界へも影響を与えている。パリ協定と整合した削減目標の設定を進める企業が増えつつあり、金融機関もパリ協定と整合した投融資を進めることが重要となりつつある。

Scope 1～3
（スコープ1～3）

◎事業活動に関係するあらゆる温室効果ガス排出をとらえる考え方

Scope 1～3は、事業者自らの温室効果ガス（GHG）排出だけでなく、調達した原材料の製造プロセスや、輸送・販売・廃棄等、事業の一連の流れ（サプライチェーン）を通じて排出されたGHGをとらえる考え方である。

Scope 1～3は、サプライチェーンのどのプロセスにおけるGHG排出かによって区別される（図表参照）。Scope 1は事業者自らが燃料の燃焼等により直接排出したGHG、Scope 2は事業者が購入した電気や熱の使用に伴って排出されたGHGを指す。Scope 3は、Scope 1、2に含まれない、自社の事業活動に関連するサプライチェーン上の他者の排出を指す。

気候変動問題の認知度が高まるにつれて、事業者自らのエネルギー消費等に伴うGHG排出だけでなく、事業活動に関連するサプライチェーン上のGHG排出についても企業が削減に向けて責任を持つべき、という考えが広まった。

◎Scope 1、2の削減は必須の取組に

Scope 1、2の削減は、事業者の規模を問わず必須の取組みになりつつある。2015年にCOP21でパリ協定が採択され、2020年10月には日本政府が2050年までにカーボンニュートラルを目指すことを宣言したことで、事業者にGHG排出の削減を求める圧力が高まった。GHG排出量の多寡を顧客や投資家が確認するようになっており、取組みを怠ることが事業にマイナスの影響を与えうる。

他方でScope 1、2の削減は時として困難を伴う。例えば、大量の熱エネルギーを必要とする重工業等においては、燃料削減の取組みは製品の品質や生産性に影響を及ぼす。製造プロセス全体の刷新や設備投資・研究開発を含む継続的な取組みが必要となる。

◎Scope 3の削減はサプライチェーン上の他社との連携が不可欠

特に社会への影響力が大きい大企業に対して、パリ協定の採択を機に、Scope 3への取組みを求める声が強まっている。

Scope 1、2と異なり、Scope 3の排出に関わる活動はサプライチェーン上の他事業者が行っており、その削減を直接自社が担うことは難しい。そこで、サプライチェーン上の取引先に対して排出量に関するデータの提供依頼や、削減に向けた取組みについて要請、必要に応じて取引先の支援を行うなど、いわゆるサプライチェーンエンゲージメントを行う事業者が出てきている。

Scope 3の取組みは金融業も無関係ではなく、自社の投融資先の事業者の排出もScope 3に含まれる。削減に向けた投融資先との対話や必要な支援の提供を行う事例も出てきており、金融業の責務になりつつある。

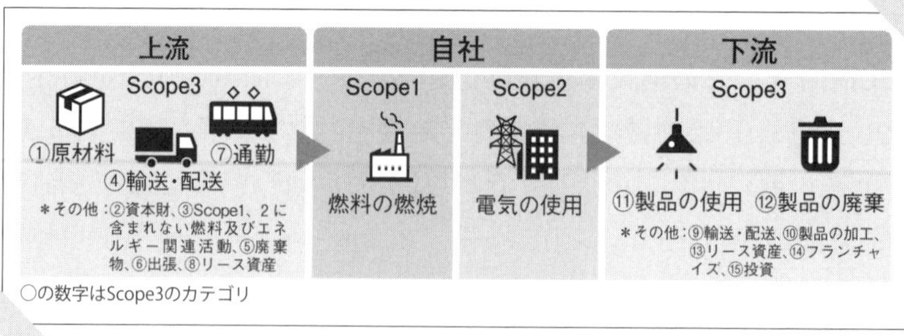

出所：環境省「サプライチェーン排出量の算定と削減に向けて」

カーボンニュートラル

◎温室効果ガスを削減し、その排出／吸収量を均衡させることを指す

カーボンニュートラルとは、組織や活動の排出する温室効果ガス（GHG）量と、削減や吸収などの手段によって排出を吸収・除去する量が等しい状態を指す。具体的には、二酸化炭素等のGHGの「排出量」から、植林、森林管理などによる「吸収・除去量」を差し引いて、その合計を実質的にゼロにすることを意味する。

つまり、カーボンニュートラルを達成するためには、自らの排出量を削減する取組みを行いつつ、どうしても削減できない残りの排出量を森林の保護・植林などの手段を通じて相殺する必要がある。

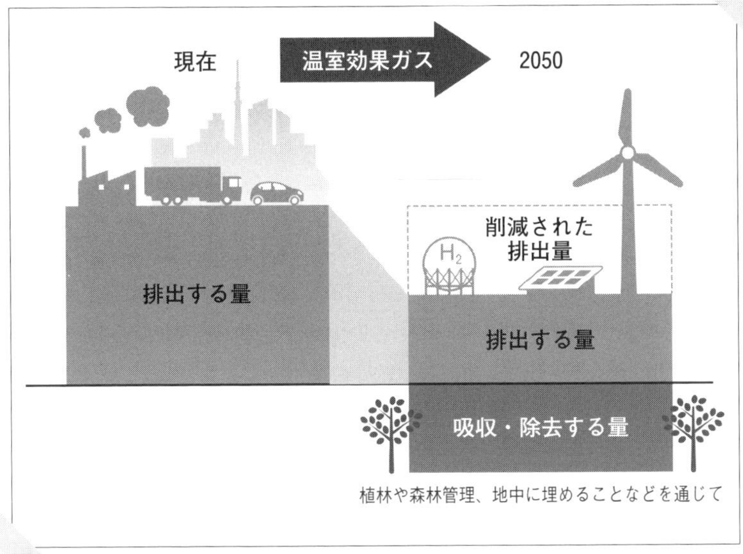

出所：カーボンニュートラルって何？　NEDOグリーンイノベーション基金

◎ 気候変動が深刻化する中、早期のカーボンニュートラル達成が必要

近年、世界の平均気温は上昇傾向にあり、将来的にはさらなる気温上昇が予測されている。このように深刻化する気候変動に伴い、異常気象の激甚化が予測されるなど、自然生態系や経済活動、ひいては健康に与える影響が懸念されている。2015年にパリ協定が採択され、「今世紀後半に温室効果ガスの人為的な発生源による排出量と吸収源による除去量との間の均衡を達成すること」が各国共通の目標となった。

◎ 世界各国の宣言に続き、カーボンニュートラルは企業へも波及

2020年10月、日本政府は2050年までにカーボンニュートラルを目指すと宣言した。気候関連データの提供機関であるNET ZERO TRACKERによると、日本を含む150か国がカーボンニュートラル実現を表明している（2023年7月時点）。企業も国の動きに従い、長期目標としてカーボンニュートラル達成を掲げ、再生可能エネルギーの導入やエネルギー使用量の削減に取り組みはじめている。

◎ 金融機関は、投融資・エンゲージメントを通じて変化の後押しを

カーボンニュートラルの達成には、金融機関の果たす役割が重要である。企業が温室効果ガス排出量を削減するためには新しい設備や研究開発への大規模な投資が必要であり、資金調達は大きな課題となる。

金融機関はカーボンニュートラルへ取り組まない顧客企業への投融資を取りやめるだけでなく、カーボンニュートラル達成に向けた資金調達の支援や、気候変動への必要な対応を促すエンゲージメントを通じて、企業の変化を後押しする役割が求められている。

関連用語≫

パリ協定…40頁参照

グリーントランスフォーメーション（GX）

◎脱炭素と経済成長の両立を目指す概念

GX とは、温室効果ガス（GHG）削減に向けた取組みを経済成長の機会と捉え、「排出削減と産業競争力の向上の実現に向けて、経済社会システム全体の変革」を目指す考え方である。

カーボンニュートラルが主に GHG 削減や除去・吸収に着目していることに対し、GX は経済成長やそのためのビジネス・経済システムの変革までを含む成長戦略を指す。

また、2023年５月には、新たな国債「GX 経済移行債」の発行やカーボンプライシング（炭素の価格付け）の導入を盛り込んだ「GX 推進法」が制定され、GX は日本において重要な取組みと位置付けられている。

◎国内で2022年から「GX リーグ」構想が始動

地球温暖化への意識高まりを契機として、欧州を中心に各国が産業政策への取入れを図っているが、日本においては2022年から「GX リーグ」構想が始動した。

GX リーグでは、自主的な参画をした企業群と官・学が連携・協働し、「GX への挑戦を行う企業が、排出量削減に貢献しつつ、外部から正しく評価され成長できる社会（経済と環境および社会の好循環）を目指す」としている（図表参照）。

GX リーグ参画企業は、GX を実践するための新市場創造に向けた民間主導のルール形成議論を行うとともに、2023年度より開始した「GX-ETS」という国内初となる全国規模の排出量取引制度も活用しながら、主に Scope 1の削減に取り組む。

◎企業の「攻め」の対応がますます求められる

GX 推進法では、2050年カーボンニュートラル等の国際公約と産業競争力強化・経済成長を同時に実現していくためには、今後10年間で150兆円を超える官民の GX 投資が必要とされている。

これまで、GHG 削減の取組みはコストと捉えられ、企業の内部でも事業戦略とは切り離されて議論されていた。今後は GX が事業戦略の柱として、他社や官・学と連携・協働し、新たなルール・新たな市場を創っていくことが、企業が生き残るうえで必要な姿勢になりつつある。

また GX は事業会社にだけ関係するものではなく、GX を推進する企業・イノベーションに取り組む企業を適切に評価し、投融資・支援を行うことが金融業界に求められる（図表参照）。

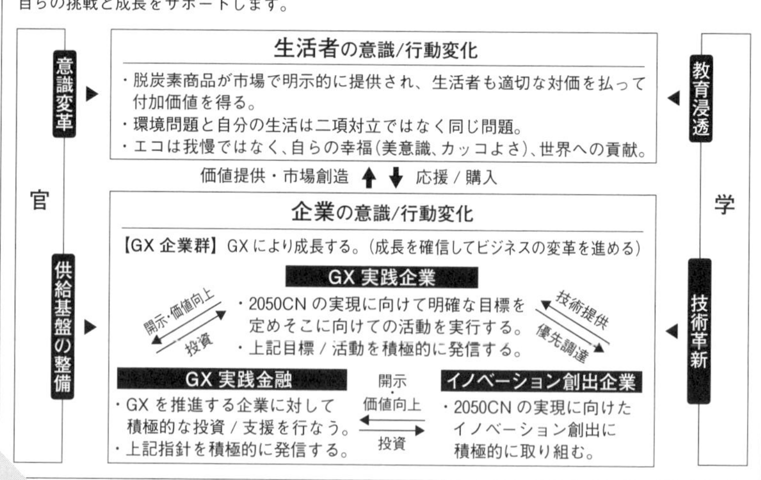

出所：経済産業省「GX リーグ基本構想」

TCFD

◎金融機関に向けた気候関連財務情報開示を目的としたタスクフォース

TCFD とは Task Force on Climate-related Financial Disclosures（気候関連財務情報開示タスクフォース）の略称であり、気候関連の情報開示及び金融機関の対応をどのように行うかを検討するために設立された。

TCFD の目的は、金融市場における気候関連リスクの透明性を高め、投資家や金融機関が気候変動に関連するリスクを適切に評価し、適切な投資判断を行えるよう支援することである。

◎TCFD 提言に基づき、企業は４分野の情報開示に取り組む

TCFD は2017年６月に提言を取りまとめた最終報告書を公表し、企業等に対して気候変動関連のリスクと機会に関する項目について開示する事を求めた。開示項目は大きく「ガバナンス」「戦略」「リスクマネジメント」「指標と目標」の４つに分かれる。

「ガバナンス」は、企業における気候変動リスクと機会の監督体制に関する項目である。経営者や取締役会が気候変動に関連するリスクと機会に対して責任を持ち、組織内での意思決定を行っているか、どのように監視しているかについての開示が推奨されている。

「戦略」は、気候変動関連リスクと機会が短期・中期・長期にわたり、企業経営にどのように影響を与えるか、またそれについてどう考えたかに関する項目である。この項目では企業は自社の事業環境や外部環境の変化に関するシナリオに基づき、自社に大きく影響を与える気候変動関連のリスクと機会を特定し、その影響を試算するほか、そのリスクと機会に対する対応策を開示することが推奨されている。

「リスクマネジメント」は、気候変動に関連するリスクを評価し、適切に管理するためのプロセスに関する項目である。企業が気候変動に関連するリスクを特定・評価したプロセスの説明や全社的なリスクマネジメント体制に関する開示が推奨されている。

「指標と目標」は、リスクと機会の評価について、どのような指標を用いて判断し、目標への進捗度を評価しているかに関する項目である。企業の設定した温室効果ガス排出量や電力使用量の削減目標と、その進捗に関する開示が推奨されている。

◎重要性が高まり、各社は統合報告等で情報開示

TCFD 賛同企業各社は、統合報告書やサステナビリティレポート等において情報開示を行っている。2021年6月のコーポレート・ガバナンスコード改定によりプライム市場上場企業は、TCFD またはそれと同等の国際的枠組みに基づいて気候関連情報の開示が求められるようになった。経済産業省によると国内の賛同企業数は4,654社（2023年6月15日現在）に上り、注目度は日々高まっているといえる。

推奨される気候関連財務開示の中核要素

ガバナンス
気候関連のリスクと機会に関する組織のガバナンス

戦略
気候関連のリスクと機会が組織の事業、戦略、財務計画に及ぼす実際の影響と潜在的な影響

リスクマネジメント
気候関連リスクを特定し、評価し、マネジメントするために組織が使用するプロセス

指標と目標
関連する気候関連のリスクと機会の評価とマネジメントに使用される指標と目標

出所：TCFD_Guidance_3.0_J.pdf（tcfd-consortium.jp）

グリーンファイナンス

◎地球温暖化対策等の事業活動に対するファイナンス手法

グリーンファイナンスとは、企業や自治体等が地球温暖化対策や自然資本の劣化防止に対する事業活動等に資金提供を行うファイナンス手法の１つである。例えば、電力会社は風力・太陽光など再生可能エネルギーの開発等の事業に対する資金調達手段として活用している。グリーンファイナンスの代表的な手法には、「グリーンボンド／ローン」、「サステナビリティボンド」、「サステナビリティ・リンク・ボンド／ローン」があり、資金使途・目標に基づく金利条件等により違いがある。気候変動対応に対する資金提供は世界的に大きな課題であり、グリーンファイナンスは民間資金導入拡大を図る上で重要な手段であるとされている。

◎枠組みの整理が進み、グリーンファイナンスは拡大基調

グリーンファイナンスに対する枠組みに関して、国際的な原則を踏まえつつ国内でも各種ガイドラインの策定・改定が続けられている。

グリーンファイナンスに基づく資金調達は概ね拡大基調にある。例えば、代表的な手法であるグリーンボンドは、国内では2014年に初めて発行され、国内発行額は2022年度の発行額が２兆円を超え、過去最大となっている（図表参照）。

◎グリーンファイナンスの種類

グリーンファイナンスは、企業や自治体等の資金の活用目的や調達先その他の条件によって使い分けられている。

「グリーンボンド／ローン」は、グリーンプロジェクト（再生可能エネルギー事業、省エネ建設物の建設・回収等）を資金使途として発行ま

たは貸付けられる手法である。

「サステナビリティボンド」は、グリーンプロジェクトとソーシャルプロジェクト（地域活性化、医療、女性活躍等）の両方を資金使途として発行する債券のことを指す。

「サステナビリティ・リンク・ボンド／ローン」は、サステナビリティ目標（CO_2 削減目標等）の達成度合いによって、金利等の条件が変化するファイナンス手法であり、資金使途は限定されない。

◎金融機関・企業双方にとってメリットがある

グリーンファイナンスは、国際原則を踏まえグリーン性が保証されることで、環境改善効果が担保され、機関投資家等にとってESG資金の投資対象となる。また、グリーンファイナンスを通じて、企業や自治体等は、ステークホルダーに環境対応の認知を広めることや、低金利での調達など調達上のメリットを享受することができる。

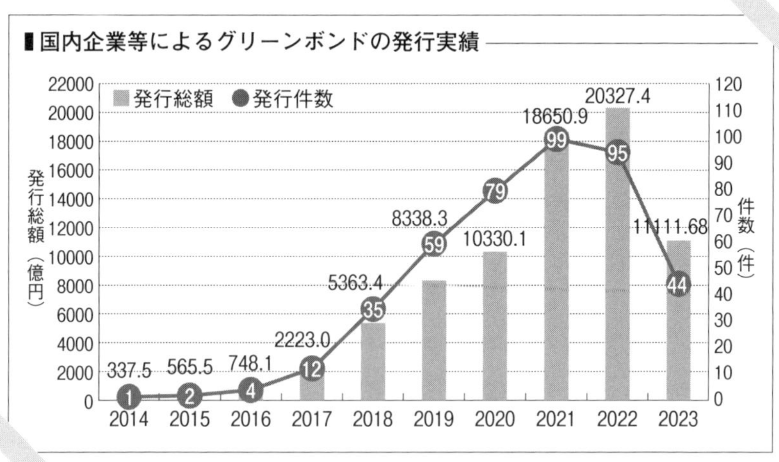

トランジション・ファイナンス

◎脱炭素社会への移行を支援する新しいファイナンス手法

トランジション・ファイナンスとは、一足飛びに脱炭素を実現することが困難な多排出産業の脱炭素に向けた取組みを支援するファイナンス手法のことである。日本国内では2021年に政府より、国際的な原則を踏まえた基本指針が策定された。このような新しいファイナンス手法導入の背景には、省エネや燃料転換を通じた脱炭素に向けて技術的な革新が求められる産業が、移行（トランジション）に向けて取り組むことが脱炭素社会の実現には重要だと認識されていることがある。

◎トランジション・ファイナンスの４要素

トランジション・ファイナンスは、以下４要素を踏まえて総合的に判断される。さらに、資金使途の特定・不特定により具体的なファイナンス手法が選択され、トランジションのラベルが付与される。

- 発行体企業のトランジション戦略とガバナンス
- ビジネスモデルにおけるマテリアリティ（重要度）
- 科学的根拠のあるトランジション戦略（目標と経路含む）
- 実施の透明性

◎産業のトランジションを示すロードマップ

国内では、政府がトランジション・ファイナンスの活用に向けて、産業分野別の脱炭素に向けた移行段階を示すロードマップの公表を行っている。鉄鋼、化学、電力、ガス、石油、紙・パルプ、セメント、自動車、海運、航空などの分野が対象となっている。

◎ トランジション・ファイナンスの発展と企業の挑戦

トランジション・ファイナンスの更なる発展には、企業の透明性と信頼性の向上が不可欠である。炭素集約型産業が直面する最大の課題は、経済活動に伴う温室効果ガスの排出量を大幅に減らしながら、企業価値を損なわず、かつ競争力を保持することである。このバランスを達成するためには、従来のビジネスモデルを見直し、脱炭素化に向けた革新的な技術やプロセスへの投資が必要だ。

企業は、トランジション・ファイナンスを利用して、省エネルギー技術の導入、燃料転換、炭素回収・貯蔵技術（CCS）の開発など、多様な脱炭素化に向けた取組みに資金を投じることが期待されている。これらの取組みは、中長期的な企業のリスク低減と、投資家にとっての魅力的な投資機会を創出することにつながる。

◎ 産業別トランジション・ファイナンスの課題と展望

各産業の脱炭素化に向けたロードマップは、トランジション・ファイナンスにおいて重要な指針を提供する。その一方で、産業ごとに異なるテクノロジーの成熟度や、市場の受容性など、様々なハードルが存在する。例えば、鉄鋼業界では炭素を排出せずに鉄を製造する技術への切り替えが、最大の課題となるだろう。同様に、海運業界では、代替燃料への転換や、ゼロエミッション船の導入が求められる。

カーボンオフセット

◎削減が困難な温室効果ガスの排出量を埋め合わせること

カーボンオフセットとは、自社の温室効果ガス（GHG）排出量を埋め合わせるという考え方である。企業が自社の温室効果ガス（GHG）削減に取り組む際、製品製造プロセス上等で削減が難しい排出量が存在する場合がある。このような場合に、他の場所や活動において同等の温室効果ガス（GHG）を削減または吸収する取組みを行うことで排出量の相殺を図るものである。

◎排出削減・吸収量に応じたクレジットの利用で排出量を埋め合わせる

具体的なカーボンオフセットの手法として、カーボンクレジットの利用が挙げられる。カーボンクレジットとして認められる主な取組みとしては、再生可能エネルギーの導入等による、「排出回避・削減」と、バイオ炭等の技術を利用した、「炭素吸収・除去」が挙げられる。企業は、上記の手法で創出されたクレジットを購入する事で、クレジットに相当する排出量の埋め合わせを図る仕組みとなっている。

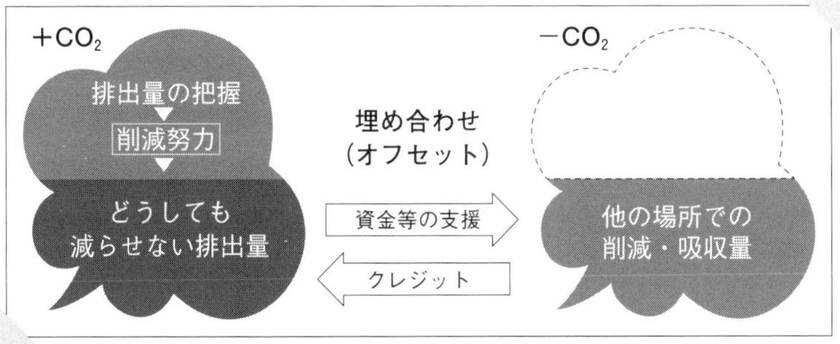

出所：カーボン・オフセットの現状とカーボン・ニュートラル（env.go.jp）

カーボンフットプリント

Environment

◎製品の製造・使用・廃棄までの温室効果ガス排出をとらえる考え方

カーボンフットプリント（CFP）は、製品やサービスのライフサイクル全体を通じて、どれほど温室効果ガス（GHG）が排出されたかを買い手や社会に情報提供する仕組みである。

◎自社製品が GHG 排出の少ない製品であることのアピールに

製品やサービスに必要な原材料の調達や、製品製造・サービス提供の段階、買い手が使用・消費する段階、廃棄・リサイクル段階などの全ての段階で排出された GHG を CO_2 に換算し、ラベル・HP 等に表示する。

自社の製品・サービスが環境に優しいことのアピールにつながるため、積極的に取り組む事業者も存在する。CFP の削減目標を公表し、天然素材・リサイクル素材を原材料に用いた製品開発の努力や、製造プロセスの GHG 削減を詳細に開示する事例が出てきている。

◎CFP の優れた製品を優先調達する動きも

欧米を中心に、CFP の開示を法的に義務化する動きや、公共調達・事業者の調達で CFP を含む環境への負荷を基準として設定する動きが活性化している。CFP が製品・サービスの競争力に直結し、一層の企業努力求められるようになる可能性がある。

関連用語≫
ライフサイクルアセスメント（LCA）…GHG 排出だけでなく、製品・サービスのライフサイクル全体における原材料・エネルギーの投入や環境負荷を収集・評価する仕組み

カーボンプライシング

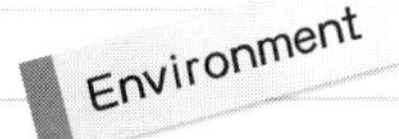

◎企業の排出する温室効果ガスに価格をつけ、行動変容を促す取組み

カーボンプライシングとは、温室効果ガス（ＧＨＧ）の排出に経済的な価値を付ける仕組みのことである。企業にＧＨＧ排出量に応じた財務的負担を課すことで、脱炭素化を促進するために導入される。

◎自治体の制度や社内での炭素価格設定など、実用例は多岐にわたる

主な手法としては以下の４つが挙げられる。

炭素税：企業などが燃料や電気を使用して排出したＧＨＧに対して国が課税する手法。

排出量取引：自治体により企業ごとに排出量上限が定められ、上限超過企業と下回る企業との間で排出量を取引できる仕組み。排出量を削減した企業は売却益が得られるため、排出量削減のインセンティブとなる。

クレジット：国により、企業のＧＨＧ削減価値を証書化する仕組み。クレジットの売買を通じ、排出削減量等が取引可能になる。

インターナル・カーボンプライシング：社内でＧＨＧに価格を付ける取組み。排出量に価格がつくため、事業投資判断の際にＧＨＧ排出量の増減を観点として用いることができる。

◎欧州にならい、国内でも制度の本格導入が検討中

クレジットや排出量取引制度は日本においてもすでに導入されている。炭素税は主にヨーロッパで導入されている仕組みであるが、国内においても同様の制度の導入が検討されているため、排出量に価格を付ける取り組みは国内においても加速していくと思われる。

自然資本・ネイチャーポジティブ

◎ 自然資本は生物多様性以外に、大気／水等あらゆる環境資源を含む

自然資本とは、IIRC（International Integrated Reporting Council：国際統合報告評議会）の国際統合フレームワークにおいて「組織の過去、現在、将来の成功の基礎となる物・サービスを提供する全ての再生可能及び再生不可能な環境資源及びプロセス」と定義されており、自然によって形成される資本のことである。具体的には空気、水、土地、鉱物、森林、生物多様性・生態系の健全性等が含まれる。TNFD フレームワーク（58頁参照）で定義される「自然」についても、４つの領域（陸、海、淡水、大気）で構成されており、いずれも「自然資本」といった場合には生物多様性以外の、自然の形成する要素も含む。

◎ あらゆる企業の活動は自然資本に依存している

企業活動を含む人間の活動は、CO_2 排出等によって自然に「影響」を与えると同時に、水などの資源、気候調整や水質浄化等の調整機能、自然観光サービス等の自然の恩恵に「依存」している。World Economic Forum が2020年に発行した「New Nature Economy」によると、世界の総 GDP の半分以上に相当する44兆米ドルもの経済価値の創出が自然資本に依存していると示されている。さらに、自然資本への依存は第一次産業だけでなく、第二次・第三次産業においてもサプライチェーン上の「隠れた依存性」として指摘されており、自然資本の喪失はあらゆる企業に関係するといえる。

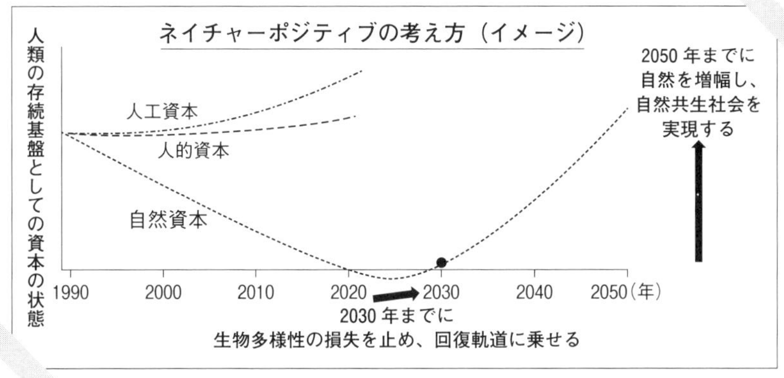

◎社会の持続可能性のため、ネイチャーポジティブの取組要請が高まる

自然資本の安定性は生物多様性の損失と気候危機という２つの危機に揺るがされていると指摘されている。ネイチャーポジティブは、生物多様性に関わる「生物多様性の損失を止め、反転させ、回復軌道に乗せる」という考え方である。2022年12月に採択された昆明・モントリオール生物多様性枠組では、2050年ビジョン「自然と共生する世界」、2030年ミッション「自然を回復軌道に乗せるために生物多様性の損失を止め、反転させるための緊急の行動をとる」が掲げられるとともに、「陸域、水域、海域の重要地域の30%を保全（30by30）」等の定量目標や企業への要請も含まれている。World Economic Forum が発行した「グローバルリスク報告書2023年版」においても、世界の経営者が今後10年間に認識する最も深刻なリスクの４位に「生物多様性の喪失や生態系の崩壊」が上がっており、ネイチャーポジティブの重要性は世界規模で高まっている。日本でも「生物多様性国家戦略2023-2030」を閣議決定している。生物多様性は気候変動よりやや注目が遅くなっているが、社会の持続性の面からも今後情報開示・取組の要請は高まると予想される。

TNFD

◎ TNFD は自然資本に関する分析・開示に必要な枠組みを構築する組織

TNFD（Taskforce on Nature-related Financial Disclosures：自然関連財務情報開示タスクフォース）とは、民間企業や金融機関などのあらゆる組織が自然資本や生物多様性に関するリスクや機会を適切に評価し、開示するためのフレームワークを構築する国際的なイニシアティブのことである。TNFD は、世界的な資金の流れを自然に配慮したものに移行させることで、自然へポジティブな結果をもたらすことを最終目的として2021年に設立された。自然の損失を阻止してポジティブな結果をもたらすには、あらゆる企業・金融機関が自然関連との関係を特定・評価・管理・開示することが不可欠であるとして、これらを分析するためのフレームワークを提供している。本フレームワークの最終提言（v1.0）が2023年９月に発行された。

◎ TNFD フレームワークは地域性を考慮したリスク・機会の評価が肝要

本フレームワークの特徴は、LEAP と呼ばれる自然関連のリスク・機会の評価にある。LEAP は①自然との接点の発見（Locate）、②依存関係と影響の診断（Evaluate）、③重要なリスクと機会の評価（Assess）、④対応し報告するための準備（Prepare）の４つのアプローチから成る。自社の活動が自然に与える「影響」と自然から享受する恩恵への「依存」の2つの観点からリスク・機会を評価する点、分析において地域性を考慮しなければならない点は TCFD（47頁参照）より複雑である。しかしながら、自然の状況は地域によって大きく異なるため、事業と関連する地域を特定し、その地域の生態系の脆弱性や水ストレスの高さ等を考慮した分析をすることで初めて、適切なリスク・機会の評価や、効果的な対応策が検討できる。

サーキュラーエコノミー（循環経済）

◎サーキュラーエコノミーは資源を循環させる新しい経済システム

サーキュラーエコノミー（循環経済）とは、これまで経済活動の中で廃棄されていた製品や原材料などを「資源」と考え、リサイクル・再利用などで活用し、資源を循環させる新しい経済システムのことである。

世界的な人口増や経済発展に伴う資源需要の拡大により、従来の大量生産・大量消費・大量廃棄の一方通行の経済システム（リニアエコノミー）の限界が懸念され、循環経済への転換の重要性が高まっている。

◎循環経済の取組みはリスク対応の強化などメリットにつながる

多くの企業や自治体がさらなる自社メリットにつなげた循環経済の取組みを進めている。企業においては単なる廃棄物・環境対策等への対応だけでなく、将来の資源枯渇を見据えたバリューチェーンの強靭化やコ

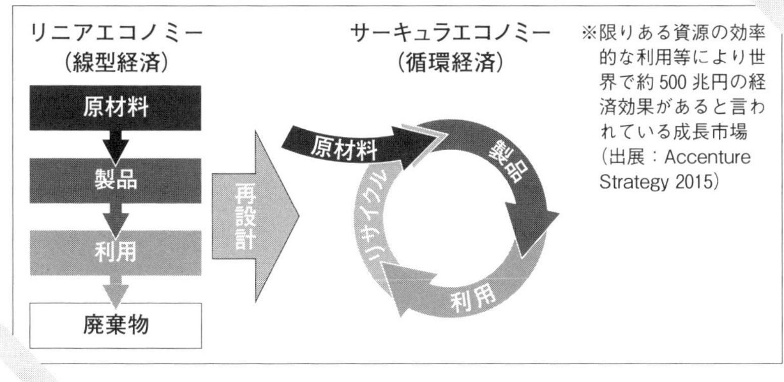

スト削減等によって、事業継続性の強化・競争優位性につなげている。また、地方自治体においては、サーキュラーエコノミーを“持続可能な街づくり”の一要素と捉え、物質の循環だけでなく、脱炭素社会や共生社会等の実現、高齢化・地産地消等の社会課題の解決、市民のウェルビーイングの向上等と関連させ、地方の強固な基盤構築につなげる例もみられる。

◎ 複数社で協業した資源循環スキームの構築がカギ

資源循環の取組みは、特にプラスチックにおいて進んでいる。プラスチックは、海洋プラスチックごみ問題、気候変動を引き起こすとして、日本でも2019年に環境省が「プラスチック資源循環戦略」を策定しており「2035年までに使用済プラスチックを100%リユース・リサイクル等により有効利用」する等の目標の明確化・対応が進んでいる。例えば、プラスチックの資源・原料化～再生までの一連の循環モデル構築に向けた小売・化粧品・化学・飲料等の異業種の協業だけでなく、競合が協業したリサイクルの啓発など、循環経済の取組みを複数社が協力して進めている。一連の循環モデルの構築は、個社のノウハウ・事業領域だけでは難しいため、今後このような複数プレーヤーの協業が取組みを推進するうえで非常に重要なるだろう。

◎ 循環経済は今後も市場規模の拡大、投資等の観点から注目が高まる

海外の大手資産運用会社は、循環経済のビジネスモデルをカテゴリに分類し、積極的に取り組む企業への投資を発表しており、投資の観点からも重視され始めている。日本においても、2021年に発表された成長戦略フォローアップ工程表において、2030年までにサーキュラーエコノミー関連ビジネスの市場規模を現在の約50兆円から80兆円以上にすることを目指すことが示されていることからも、今後への社会の注目はますます高まると予想される。

グリーンウォッシュ

◎環境保護に貢献していない取組みを、環境に配慮していると装うこと

グリーンウォッシュとは、マーケティング等において、自社の製品・サービスや組織の取組みが環境に配慮していると偽って伝える企業の取組みや姿勢のことである。

社会の環境意識の高まりに応じて、環境配慮型の製品・サービスや企業の自然保護の取組みが評価されるようになったことで、自社製品・サービスの環境性能を誇大に表現したり、実際には無関係な自然のイメージ写真、グリーンという表記を用いたりする事例が生じた。グリーンウォッシュはこうした姿勢を批判する表現として広まった。

◎取組みの丁寧なモニタリングと情報開示が重要に

企業は自社製品・取組みをアピールする広告や情報開示が「グリーンウォッシュである」と見なされた場合、民間団体や消費者からの批判を受け、自社のブランド・イメージを損ね、最終的には売上の減少や企業価値の毀損につながる可能性がある。

グリーンウォッシュは金融業も無関係ではなく、サステナブルファイナンスやインパクトファイナンスの取組みが、「環境保護に貢献していない見せかけの投融資である」と判断された場合、ステークホルダーから批判を受けるリスクがある。

そうしたトラブルを防止するためにも、取組に対する丁寧なモニタリングと情報開示が求められる。

人的資本経営

◎人材を資本として捉え、中長期的な企業価値向上につなげる経営

人的資本とは、経済協力開発機構（OECD）によって「個人の持って生まれた才能や能力と、教育や訓練を通じて身につける技能や知識を合わせたもの」と定義されている。人的資本の価値を最大限に引き出すことで中長期的な企業価値向上につなげる経営のあり方のことを人的資本経営と呼ぶ。従来の経営では人材は資源として捉えられており、人材に投じる資金もコストとみなされてきた。しかし、人的資本経営は中長期的な視点において従業員の能力や知識・経験値を高めることに投資を行うことで、人材の成長を通じた組織の価値創造を目指している。

人的資本経営に取り組むことで、従業員のスキルアップと成長が促され、業務の生産性が向上することはもちろんのこと、従業員のモチベーションが上がることによる離職防止、採用市場における競争力強化にも繋がる。

◎人的資本に関する定性・定量情報の開示義務化が加速

人的資本経営が注目された1つの理由に、ESG 投資の浸透が挙げられる。人的資本はＳ（社会）とＧ（ガバナンス）に含まれることから、人材への投資状況が企業の成長性を評価する判断ポイントとなっている。

この動きを受け、米国では2020年11月に米国証券取引委員会（SEC）が米国の上場企業に対して人的資本に関する定性情報ならびに定量情報の開示を義務化した。日本においても、2022年６月に金融庁が公表したディスクロージャー・ワーキンググループ報告において、有価証券報告書に人材育成方針や社内環境整備方針に加え、男女間賃金格差、女性管理職比率、男性育児休業取得率の開示が義務化された。今後も人的資本に関する開示義務化が加速することが予想される。

◎経営戦略と人材戦略の連動による企業価値向上が鍵

2022年５月に経済産業省から公表された「人材版伊藤レポート」では、経営戦略と人材戦略の連動の重要性が記載されている。人材戦略に必要な視点として、経営戦略の実現を支える人材戦略の構築・実行、現状とのギャップの定量的な把握、経営トップ自らの積極的な発信・従業員との対話が挙げられる。必要な人材ポートフォリオの構築、DE&I(64頁参照）やリスキルの促進、従業員が主体的に業務に取り組む環境の整備など、ビジネスモデルや経営戦略に左右されないどの企業にも共通して必要となる要素は存在する。しかし、いずれも企業としてのありたい姿からバックキャスティング的に人材戦略を考えることが重要となる。

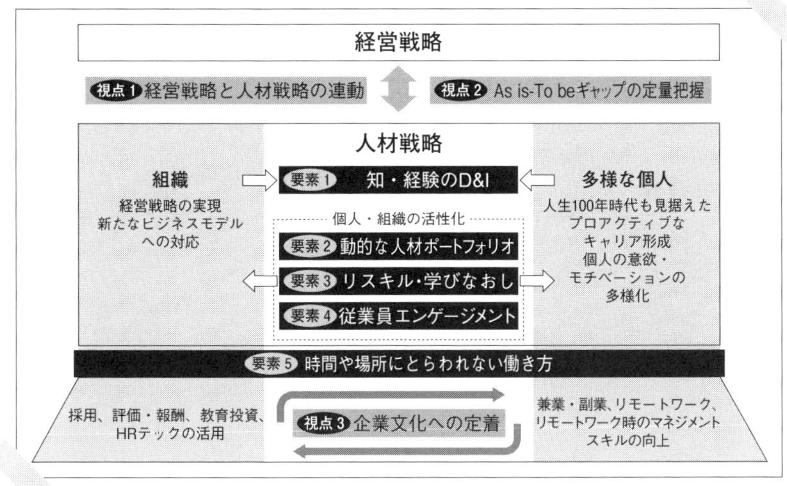

出所：人的資本経営の実現に向けた検討会報告書～人材版伊藤レポート2.0～

DE&I（ダイバーシティ・エクイティ＆インクルージョン）

Social

◎DE&I とは、人材の多様な属性を尊重し、活かしていく考え方

DE&I（ダイバーシティ・エクイティ＆インクルージョン）とは、人材の多様な属性を尊重し、活かしていくという考え方である。

ダイバーシティ（Diversity：多様性）とは、性別、年齢、国籍、障がいの有無、性的志向・性自認など、人材の多様な属性を尊重することである。人材の属性は、先に挙げた要素の他にも、宗教、経歴、働き方、ライフステージなど様々な要素があり、時代の流れに応じて、年々新たな要素が認知されている。

インクルージョン（Inclusion：包括）とは、このような多様な属性を持つ人材が、自身の経験や能力を十分に活かすことができ、組織に自分らしく参画していると感じることができる状態を指す。

エクイティ（Equity：公平性）とは、不平等な社会構造によって各人のスタートラインが異なる点に配慮した上で、情報や機会、リソースへのアクセスを公平に保証することである。以前までは、ダイバーシティ、インクルージョンの概念がメインであったが、エクイティの概念も近年広まりつつある。

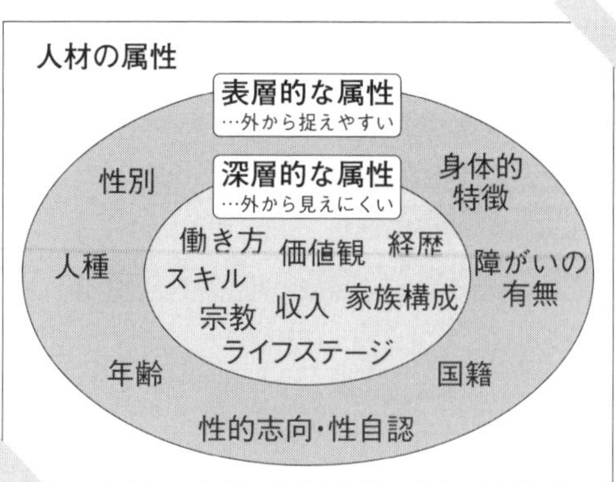

◎近年は、DE&I への取組みの社会的要請が一層強まる

DE&I への取組みは、国際社会における要請や、少子高齢化や労働力不足等の観点にて注目されていたが、2021年のコーポレートガバナンス・コード改訂にて企業の中核人材における多様性の確保が明記されたことで、さらに注目が高まっている。

また、金融機関においても、従来は LGBTQ と呼ばれる、レズビアン（L：女性の同性愛者）、ゲイ（G：男性の同性愛者）、バイセクシュアル（B：両性愛者）、トランスジェンダー（T：性自認が出生時の性別と異なる）、クィア・クエスチョニング（Q：規範的な性のあり方以外を自認する、自らの性のあり方について特定の枠に属さない）に対して、法的な夫婦・家族関係がないために受けられる融資の種類や金額に制限があった。しかし、近年ではメガバンクをはじめとする多くの金融機関が、夫婦・家族関係の証明手段として、パートナーシップ制度等を認め、制限を緩和する方針を決めている。

◎多様な人材の活用は、企業を守り、成長させることに寄与

多様な人材を活かすことは、企業を守り、成長させることに寄与する。

企業を守るという観点においては、リスク管理が挙げられる。ダイバーシティに欠ける、特定の属性の人々のみで構成される同質性の高い組織においては、同調圧力によって集団にとって不合理な意思決定が容認され、判断を誤る確率が高くなると言われている。

企業の成長という観点においては、イノベーション創出や人材確保が挙げられる。異なる属性を持つ人々が集まることで、異なる視点から様々なアイデアや解決策を検討することができ、多様な顧客や市場に適応するための新たなイノベーションが創出される可能性が高まる。また、すべての人材が尊重され働きやすい環境が整備されることで、従業員のエンゲージメント向上による離職率低下や新たな人材の獲得にも繋がる。

ウェルビーイング

◎ウェルビーイングとは、身体的・精神的・社会的に満たされた状態

ウェルビーイングは、1948年の世界保健機関（WHO）設立時に提唱された世界保健機関憲章前文「Health is a state of complete physical, mental and social well-being and not merely the absence of disease or infirmity.」で使用されたことによって広まった言葉である。身体的・精神的・社会的に満たされた状態にあることを意味し、「幸福」と翻訳されることも多い。具体的には、心身の健康や感情として幸せを感じることに加え、仕事や私生活を含めたキャリアの充実や家族や友人・会社の同僚との良好な人間関係、経済的な安定などが必要な要素として挙げられる。このように瞬間的な幸せではなく、持続的に幸せである状態を意味する。

◎ウェルビーイング実現により生産性向上・コスト削減・離職防止へ

企業が従業員のウェルビーイングを実現する職場環境を提供することで、従業員の働きやすさやエンゲージメントが向上し、生産性の向上だけではなく、経営コストの削減や従業員の離職率の低下にも繋がり、組織にとっても多岐にわたる価値があると考えられている。そのため、近年では従業員のウェルビーイングを経営課題の1つとして捉えている企業が増加している。

従業員のウェルビーイングを向上させるための施策として、労働環境の改善、健康やメンタルのサポートの実施、ワークライフバランスの促進、キャリア開発等が考えられるが、重要なことは従業員の不安や要望を適切に捉え、状況に合わせた施策を実行することである。

人権デュー・ディリジェンス（人権 DD）

Social

◎人権 DD とは、企業が人権尊重の責任を果たすために求められる取組

人権デュー・ディリジェンスとは、2011年に国連人権理事会において支持された「ビジネスと人権に関する指導原則」にて示された、企業が人権尊重の責任を果たすために求められる取組みの1つである。企業活動やサプライチェーン上の取引関係において、人権に対して負の影響を与えるリスクの存在やそのリスクのインパクトがどの程度かのリスク調査を行い（①人権影響評価）、リスクが存在する場合には適切な措置を講じ（②適切な措置の実施）、措置の効果のモニタリングを実施し（③追跡評価）、リスクの調査結果や対応結果について情報を公開する（④外部への情報提供）、という一連のプロセスのことを指す。①〜④のプロセスについては、1回実施して完了するものではなく、継続的に実施することが重要である。

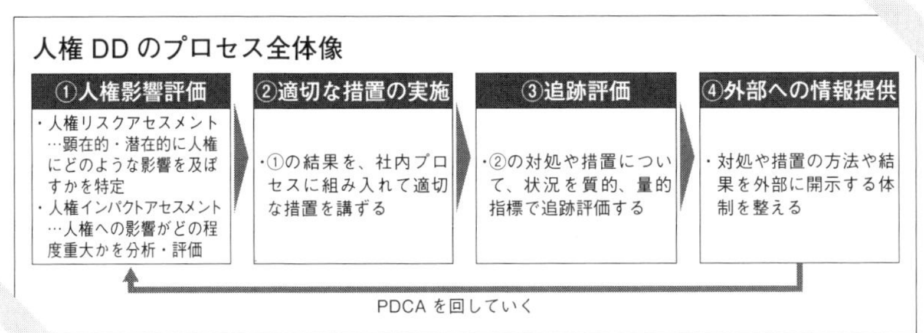

◎自社の事業活動が影響を及ぼす可能性があるすべての人が対象

　従来は、企業が人権尊重すべき対象は主に自社の従業員までと認識されていた。しかし、近年では、取引関係によって自社の事業や製品・サービスと繋がりがある人々（取引先の従業員や消費者、工場が存在する地域の地域住民など）に対する人権への負の影響についても、企業が責任を持つ必要がある。例えば、取引先において従業員に強制労働をさせていたり、工場からの騒音や異臭等の発生によって地域住民の生活に影響を与えていたりする場合は、自社が事業活動を通じて人権に負の影響を及ぼしていると見なされる。

　そのため、金融機関においても、顧客が人権に対して負の影響を及ぼしていないかについて、融資審査や引受け審査時に確認・評価することが重要となっている。

◎欧米諸国において、法制度の整備が進展

　先述した「ビジネスと人権に関する指導原則」は法的な強制力を持たないため、人権 DD の実施はあくまでも任意となっている。しかし、欧米を中心とした海外では、強制力を持つ法制度の整備が進展している。

　例えば、2015年に施行された英国の現代奴隷法では、サプライチェーン上の現代奴隷に関する人権 DD を実施・報告することを企業に要請している。また EU 域内においても、企業持続可能性デューディリジェンス指令案にて、サプライチェーンにおける人権 DD の義務化が検討されている（2023年７月現在）。

　法制度の対象には、法律が施行されている国で事業活動を行う海外企業も含まれることが多く、経済活動のグローバル化が進む中で日本企業に影響が生じるケースも増えている。

フェアトレード

◎開発途上国で生産された製品を公平・公正な条件で取引する仕組み

フェアトレードとは、開発途上国で生産された食料品や衣料品、日用品等の製品を公平・公正な条件で取引する仕組みのことである。立場の弱い開発途上国の生産者から製品を購入する際に、適正な価格で継続的に取引することで、生産者の生活水準の向上や労働環境の改善を目指す。

国際フェアトレード基準の特徴は、持続可能な生産・生活を支える「フェアトレード最低価格」と生産地域の社会発展のための「フェアトレードプレミアム（奨励金）」が保証されている点である。本基準を満たした製品には認証ラベルが貼付されるケースが多く、消費者も製品購入を通じて生産者支援に関与できる。

日本で流通しているフェアトレード対象製品は、以前はコーヒーが中心であったが、近年はバナナ、チョコレート、紅茶、スパイス、コットンなど多様な製品が対象となっている。

◎地域の発展だけでなく環境保護にも寄与する

国際フェアトレード基準では、農作物の生産性向上を目的とした農薬の大量使用が禁止されており、有機栽培が促進されている。そのため、生産者の自立による地域の発展だけでなく、環境に配慮した生産手法の採用にも寄与し、持続的な開発・生産・取引サイクルを構築することができる。

また、フェアトレードはSDGs（持続可能な開発目標）の目標達成に向けた施策としても注目を集めている。金融機関においても、ESGに配慮した投融資活動が求められる中で、投融資先が取引先と持続可能な取引関係を築いているかという点を注視することは重要である。

コーポレートガバナンスコード（CGコード）

Governance

◎「コーポレートガバナンス」とは

コーポレートガバナンスとは「会社が、株主をはじめ顧客・従業員・地域社会等の立場を踏まえた上で、透明・公正かつ迅速・果断な意思決定を行うための仕組みを意味する」と、金融庁では定義している。つまり、会社の多様なステークホルダーの利害を踏まえていて、ステークホルダーの視点から見て公正な形で、迅速かつ適切な意思決定を行うための仕組みが整っていることを指す。

コーポレートガバナンスコードは、2015年に金融庁と東京証券取引所が策定したものであり、上場企業がコーポレートガバナンスを実現するための指針として位置付けられているガイドラインである。その目的と意義について東証は2021年改訂版において、「上場会社の持続的な成長と中長期的な企業価値の向上」としている。また、目的実現のためには、会社におけるリスク回避・抑制や不祥事防止といった「守りのガバナンス」にとどまらず、健全な起業家精神の発揮を促し、会社の持続的な成長と中長期的な企業価値の向上を図る「攻めのガバナンス」と「中初期保有の株主との建設的な会話」が効果的であると示している。

◎コーポレートガバナンスコードの５つの基本原則

コーポレートガバナンスコードの基本原則は以下の５つである。

・株主の権利・平等性の確保
・株主以外のステークホルダーとの適切な協働
・適切な情報開示と透明性の確保
・取締役会等の責務

・株主との対話

◎コーポレートガバナンスコードの２つの特徴

コーポレートガバナンスコードは「プリンシプルベース・アプローチ（原則主義）」と「コンプライ・オア・エクスプレイン」という２点の手法を採用していることが特徴である。

プリンシプルベース・アプローチとは、各社の置かれた状況に応じた実効的なコーポレートガバナンスを実現するため、詳細に規定するのではなく、抽象的な表現・内容で幅広い解釈の余地を与える考え方である。コンプライ・オア・エクスプレインとは、言葉のとおり「実施するか」「実施しない理由を説明するか」を各上場企業が選択する考え方である。必ずしも全ての原則を一律に実施する必要はないが、実施していないことによって実効的に実現されていないと機械的に評価することは不適切であるという柔軟性を担保している。

◎2021年改訂によりESG課題への対応が求められるように

2021年6月にコーポレートガバナンスコードの改訂が行われ、取締役会の機能発揮や企業の中核人材に多様性を持たせること、そして気候変動を中心としたサステナビリティに関する取組みの開示を求めることなどが内容に加えられた。

コーポレートガバナンスコード2021年改訂の内容

取締役会の機能発揮	企業の中核人材における多様性の確保	サステナビリティを巡る課題への取組み
・独立社外取締役を３分の１以上選任 ・指名委員会・報酬委員会の設置　など	・管理職における多様性の確保（女性・外国人・中途採用者の登用）についての考え方と自主目標の設定　など	・TCFD（及び同等の枠組み）に基づく気候変動開示 ・サステナビリティに関する方針策定・取組みを開示 など

Part 2
金融イノベーション
&テクノロジー

ブロックチェーン

◎ブロックチェーンとは？

ブロックチェーンとは「暗号化技術を用いて取引情報を一本の鎖のようなデータ構造に記録する」技術である。従来の中央集権型データベースと異なり、ブロックチェーンはノードと呼ばれる複数のネットワーク参加者によって情報が管理されている。中央管理機関を必要としない、このようなデータベースの実現手法を分散型台帳技術（Distributed Ledger Technology）と呼び、ブロックチェーンは分散型台帳技術の一種と捉えることもできる。ブロックチェーン技術によって、信頼関係のない当事者間において中央管理機関や第三者機関を介さず、分散ネットワーク上でP2Pの価値交換が可能となった。

従来のインターネットが「情報の交換」に重きを置いたシステムである一方、ブロックチェーンは情報に加えて「価値の交換」も容易に実行可能なシステムであるため「価値のインターネット」とも呼ばれる。

ブロックチェーンの主な特徴は下記５点である。

①　データの改ざん・削除が困難
②　データの透明性・追跡性が高い
③　システムダウンが発生しにくい
④　分散性が高く、中央管理機関を必要としない
⑤　スマートコントラクトによる契約の自動執行が可能

◎ブロックチェーンの仕組み

ネットワーク内で発生した取引は、「ブロック」と呼ばれる塊に集約され、生成された順に時系列に繋がって記録される。生成されたブロックには１つ前のブロックのハッシュ値が含まれ、ハッシュ値はブロック

図表１　ブロックチェーンの構成（Bitcoin）

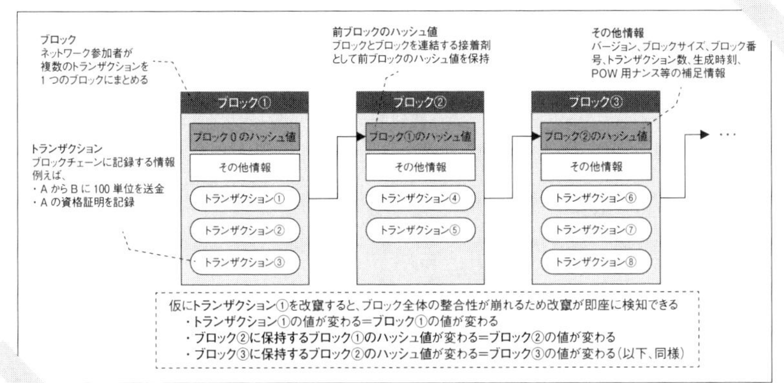

とブロックの前後関係を保証する接着剤の役割及びその特性を活かした不正利用防止の役割を果たしている（図表１参照）。ブロックの生成は、各ネットワークであらかじめ決められたブロック生成アルゴリズム（コンセンサスアルゴリズム）に従い、ネットワーク参加者（ノードのうちマイナーと呼ばれるもの）が実行する。

ブロックチェーンは特性に応じて３種類に分類される（図表２参照）。

① パブリック型
　世界の誰もがネットワークに参加でき、中央管理者が存在しないオープンなチェーン。

② プライベート型
　単独の人または組織が管理し、ネットワークへの参加が制限されるチェーン。

③ コンソーシアム型
　複数の人または組織が管理し、ネットワークへの参加が制限されるチェーン。

図表２　ブロックチェーンの種類

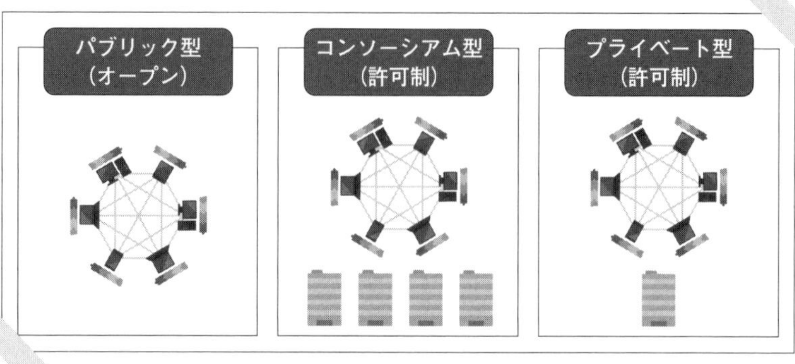

◎ブロックチェーンを使ってできること

ブロックチェーンを用いることで、中央管理機関を介することなく、安全に個人間取引を行うことが可能となる。そのため、取引にかかる各種コストの大幅な削減が期待されている。ブロックチェーンを応用したアプリケーションの代表例として、暗号資産、デジタル所有権証明書（NFT）、海外送金システム、サプライチェーンソリューション等が挙げられる。

関連用語≫
ノード…ネットワークに参加しているコンピューター端末のこと。
P2P…ネットワークの参加者同士が直接通信をすること。
ハッシュ値…一方向にしか変換できない不規則な文字列のこと。

DeFi（ディーファイ）

◎ DeFi とは？

DeFi とは、Decentralized Finance の略称で、分散型を表す「Decentralized」と金融を表す「Finance」を組み合わせた造語であり、中央管理機関／金融機関が不在でも完結する分散型金融システムのことである。対して、従来型の金融機関が提供するサービスのことを CeFi（Centralized Finance）、または中央集権型金融と呼ぶ（図表参照）。

◎ DeFi の仕組みと利点

従来型の金融サービスには中央管理機関が存在し、個人間取引を媒介する役割を果たしている。一方、DeFi においてはスマートコントラクトで自動実行される分散型アプリケーション（Dapps）をブロックチ

DeFi と CeFi の違い

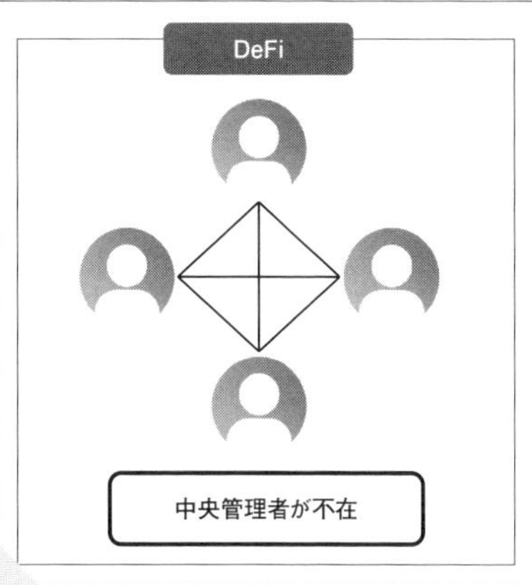

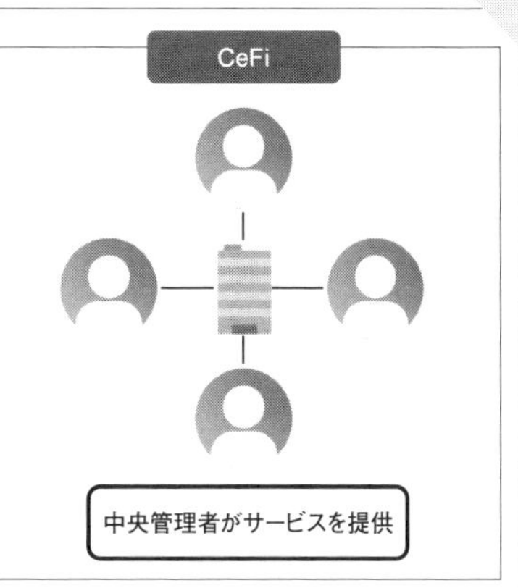

ェーン上に実装することで、仲介者が不在の環境においても取引相手の信用度を気にすることなく個人間の取引が可能となった。DeFi はブロックチェーンを基盤として利用するため、下記のようなブロックチェーンの各種利点を享受している。

① 中央管理機関が不在の環境下でも自動稼働する。
② （サービス運用コストが下がるため）取引手数料を従来型金融サービスより低く設定できる。また、金利を従来型金融サービスより高く設定できる。
③ サービスの営業時間に制約がなく、リアルタイム取引が可能。
④ 銀行口座を持たない層でもウォレットのみで世界中の DeFi にアクセスができる。
⑤ アプリケーションがオープンソースで参入障壁が低いため、個人レベルで DeFi の構築と提供が可能。

◎ DeFi を使ってできること（代表的なサービス）

DeFi は世界各地のエンジニアが開発に取り組んでおり、従来の金融機関では考えられないような形で下記のような新しいサービスが日々展開されている。

・DEX（分散型取引所）：流動性の提供機能を含め、スマートコントラクト上に実装された中央管理機関が不在の暗号資産取引所。
・レンディング：金利の高さを活かした貸し暗号資産サービス。
・ステーキング：特定の暗号資産を保有してブロックチェーンネットワークに参加・貢献することで暗号資産の報酬を得られるサービス。
・ステーブルコイン：価格が特定の法定通貨（ドル、円など）と連動するように設計された暗号資産。
・ブリッジ：異なるブロックチェーン間で暗号資産の移動を可能にするシステム。

スマートコントラクト

◎スマートコントラクトとは？

スマートコントラクトとは、「所定の条件や契約内容に基づき、人の手を介さず取引が自動実行される仕組み」として、ブロックチェーン上に記述・実行されるプログラムのことである。ブロックチェーンの特徴である、不変性・透明性・分散性に基づき、低コストで正確かつ素早く実行可能な『新しい契約形態』と表現されることもある。

◎スマートコントラクトの仕組みと利点

スマートコントラクトの仕組みは自動販売機を例に表すことができる（図表参照）。この自動販売機の中身や実行結果はブロックチェーン上に

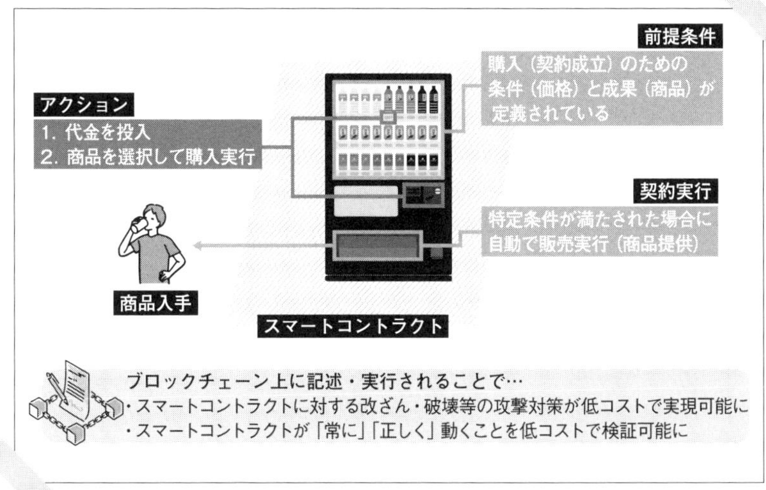

記録され、作成者・第三者からの変更は不可能となる。このため、ブロックチェーンの利便性がそのまま享受でき、かつ下記の代表的な利点がある。

・人を介さないことで、中間コストを削減可能。
・分散化されていることで、システム維持コストを削減可能。

　低コストかつ安全性も高いことから、スマートコントラクトは様々な分野に適用可能である。

◎スマートコントラクトを使ってできること（代表的なサービス）

　スマートコントラクトは機能の普遍性から、理論上はどのようなサービス・ビジネスにでも適用可能であるといえる。以下に、代表的な適用事例を列挙する。

・金融：取引の監査、証拠金の自動追加、複雑な金融商品の自動化。
・決済：オンライン決済の自動化、支払いの自動化、契約の自動化。
・投資：投資プラットフォームによる配当の確定、分配の自動化。
・保険：複雑な保険契約を自動化して、保険金の支払いを迅速化。
・デジタル広告：コンテンツ提供者と広告主の間での広告配信、クリック数、コンバージョン数などの計算や支払いの自動化。
・不動産：売買契約や賃貸契約、物件評価のプロセスの自動化。
・医療：患者の診察結果や健康データの更新に基づく医療保険請求の自動化。
・物流：輸送中にパッケージの場所を追跡するためのセンサーを使用したレコーディングなど、物流プロセスの自動化。
・電力：エネルギーの余剰分を自動的に売買するためのグリッド管理の自動化。
・選挙：選挙投票システムでの投票プロセスとトランザクションの自動化。

デジタルアセット

◎デジタルアセットとは？

デジタルアセットとは、「資産価値を持つデジタルデータ（電子情報）」のことである。暗号資産・ビットコインなど特定の利用例に留まらず、映像データ・音声（楽曲）データ・テキストデータなど、ありとあらゆるデジタル（またはデジタル化された）データが「価値を持つ」ことでデジタルアセットとなる可能性を秘めている。

近年、ブロックチェーン上に資産価値を記録・保全する手法が確立されつつあり、低コストで価値の棄損（改ざん）を防ぐことが可能となったため、デジタルデータのうち「明確なデジタルアセット」として切り分けられる対象が増えてきている。

◎デジタルアセットの種類・代表例

前述のとおり、デジタルアセットはその種類・分野が多岐にわたるが、

	コンテンツ系	マネー系	権利証明系
特徴	**見る・読む・聴く** ことで利用可能	**それ自体**を使用し 別のモノを**購入**する	**それ自体**に **権利**・**価値**が含まれる **証明**されることで **権利行使**できる
物理アセットの例	絵画・音楽・書籍	法定通貨（現金）	卒業証明・資格・株
デジタル化の例	映像・音楽配信・NFT	電子マネーステーブルコイン	電子チケット セキュリティトークン

「コンテンツ系」「マネー系」「権利証明系」に大きく3分類することができる（図表参照）。

「コンテンツ系」はいわゆる音楽や映像データなどの作品に代表され、見る・読む・聴くことで利用できることが特徴である。

「マネー系」はいわゆるSuicaなどの電子マネー、暗号資産を含むステーブルコインなど、既存の物理的な金銭（法定通貨等）をデジタル化して利用することが特徴であり、それ自体を使用し別のモノを購入する時に使われる。

「権利証明系」はいわゆるセキュリティトークンや資格証明、本人確認情報など、それ自体に権利・価値が含まれており、証明されることで権利が行使できるものを指す。

◎デジタルアセットの長所と短所

デジタルアセットの長所は、物理的なモノではなく電子化されたデータで保有することができるため、かさばらず、集約して持ち歩きやすい、どこからでもアクセス・利用可能であることが挙げられる。「マネー系」においては、現金を持たないことで利便性・安全性を高めることが可能である。「権利証明系」においては、従来より低コストで権利証明を取得・発行・照会することが可能である。

一方で、デジタルアセットの短所は、複製が容易であり、改ざんされる可能性も高いということである。この短所を克服するため、ブロックチェーン技術を基礎に置いた暗号資産・ステーブルコイン・NFTなどが近年登場し、用いられることが増えている。

暗号資産

◎暗号資産とは？

暗号資産とは、ブロックチェーン技術を用いて発行されるデジタル通貨のことである。日本においては当初、仮想通貨「virtual-currency」が一般的に使われていたが、後に金融庁が資金決済法を改正し、呼称を暗号資産「crypto-asset」へ変更した。なお、海外では暗号通貨を表す「cryptocurrency」も広く一般的に使われている。

暗号資産は世界に大小数万種類存在するといわれ（参考：coinmarketcap）、代表するものにBitcoin、Ethereum、XRP等がある。暗号資産の市場規模は年々拡大しており、Bitcoinの時価総額は2023年7月時点で約100兆円規模である。

暗号資産が有する一般的な特徴は下記のとおりである。

- 分散台帳上に取引が記録され、価値の移転ができる
- 個人間でリアルタイム送受信ができる
- 暗号資産取引所で円などの法定通貨と交換ができる
- 国家や中央銀行によって発行された法定通貨ではない
- 基本的に裏付け資産を持たない

◎暗号資産の歴史

デジタル通貨のコンセプトはBitcoinの登場以前から存在していたが、現在のブロックチェーンを用いた暗号資産の形を成すきっかけとなった出来事は、2008年10月に公開されたサトシナカモト論文である。

「Bitcoin：A Peer-to-Peer Electronic Cash System」と題する論文がサトシナカモトを名乗る人物によってインターネット上に公開され、その数カ月後にBitcoinが稼働を開始した。2013年頃までに

XRP や Litecoin を始めとする高速処理を売りにした暗号資産が台頭し、2015年にはスマートコントラクトと分散型アプリケーションのコンセプトを暗号資産の世界にもたらした Ethereum ネットワークが運用を開始した。

◎暗号資産を使ってできること

暗号資産には下記の様に様々な用途が存在する。

・送金：24時間365日、国境を超えて個人間で暗号資産の送金ができる。送金手数料も従来型の海外送金と比較して低い傾向にある。

・決済：暗号資産は一部の実店舗やオンラインショッピングで法定通貨と同様に支払い手段として利用できるほか、Dapps のサービス利用料、NFT 購入の際の支払いにも利用できる。

・寄付：暗号資産はブロックチェーンの性質上、取引の透明性が高く、寄付が受取人に届くまでの中間コストがほぼかからない、寄付と相性が良いとされる。

・ICO（Initial Coin Offering）／IEO（Initial Exchange Offering）：暗号資産は企業のプロジェクト推進のための資金調達手段としても利用されている。企業が独自の暗号資産を発行し、暗号資産取引所などに上場することで投資家から資金を調達する。

・法定通貨：エルサルバドルや中央アフリカ共和国など、不安定な自国通貨と銀行口座を持たない人民が多い課題への対処として、Bitcoin が法定通貨として採用されているケースがある。

ステーブルコイン

◎ステーブルコインとは？ CBDCとは何が違うのか？

ステーブルコインは、「法定通貨と価値を連動させ、現金化が可能なデジタル化されたコイン」を指すことが多い。ただし、世の中で広く合意された明確な定義は存在しないため、異なった立ち位置を取る論者も存在し、ブロックチェーンの活用（＝分散台帳上で価値が記録・移転すること）を必須要件だと主張する論者もいる。

ステーブルコインは、旧Facebook社が2019年に公表したLibra構想をきっかけに、大きな注目を集めた。同構想では、Facebook内外で幅広く流通するデジタル通貨としてLibraが位置づけられていた。しかし、Libra構想がとん挫した現在では、ステーブルコインの用途はBitcoinなどの暗号資産取引の一時的な利益確定や、DeFiプロジェクトにおける活用が主流で、世の中の決済に幅広く使われる状況にはなっていない。

ステーブルコインと中央銀行デジタル通貨（CBDC）との最大の違いは、発行体にある。CBDCは紙幣同様に中央銀行の負債として発行され、強制通用力を持つのに対し、ステーブルコインは民間企業が発行主体となり、原則的には強制通用力を持たない。

◎価値の固定（ペッグ）は、「法定通貨建て資産裏付け型」が主流に

グローバルにみると、ステーブルコインは、その価値を法定通貨と固定（ペッグ）するために、種々の工夫を行っている。かつては、アルゴリズムを用いて価値を固定する方法も見られた。しかし、Terra USDの暴落を経て、現金や公社債といった法定通貨建て資産や、他の暗号資産で価値を裏付ける方法が主流となっている。2023年8月時点で、グ

ローバルで広く取引されている発行総額上位４銘柄（Tether（約830億米ドル）、USD Coin（約260億米ドル）、Dai（約50億米ドル）、Binance USD（約30億米ドル））のうち、Dai を除く３銘柄は、法定通貨建て資産（公社債など）で価値を裏付けている。

◎ステーブルコイン規制の潮流

　ステーブルコインをめぐっては、AML／CFT（マネーローンダリング・テロ資金供与対策）や、金融システムの安定性の観点で課題があるとされ、グローバルな金融規制当局は規制強化の提言を打ち出してきた。例えば、FATF は2020年６月の報告書で、ステーブルコインについて「マネーローンダリング、テロ資金供与目的で犯罪に悪用されるリスク」を指摘した。他にも金融安定理事会は2022年７月のプレスリリースで、「ステーブルコインを含む暗号資産がもたらす潜在的な金融安定リスク」に警鐘を鳴らした。米国では、連邦準備制度理事会（FRB）のジェローム・パウエル議長が2023年６月の米議会下院公聴会で、ステーブルコインについて中央銀行による強固な規制の必要性を述べている。

◎日本国内の法整備状況と今後の展望

　日本では、他国に先駆けて、ステーブルコイン関連法制（令和４年資金決済法等改正）が整備され、2023年６月１日に施行された。

　このステーブルコイン関連法制においては、国内でステーブルコインを流通・発行させる場合には、①発行者が発行額の100％を最終的に銀行預金で裏付けることを義務付ける、②ブロックチェーンの利用は必須の要件ではない、③発行者及びユーザー向けのサービス提供者（仲介者）に登録等の規制を義務付ける、といった特徴がある。まだ、国内法に準拠したステーブルコインの発行事例はない。しかし、今後クロスボーダー取引におけるコスト削減・迅速化や、暗号資産取引における資金決済手段といったユースケースにおける活用が期待される。

NFT

◎NFTとは？

NFT（Non-Fungible Token／非代替性トークン）は、ブロックチェーン上に識別情報（シリアルナンバー等の一部の情報であり、全ての情報ではない）を記録したデジタルデータである。対義語として、FT（Fungible Token／代替性トークン）があり、暗号資産などはFTに該当する。

◎NFTの仕組みと構成要素

よく誤解されやすいが、ほとんどのNFTは全ての情報をブロックチェーン上に持つのではなく、一部の情報（メタデータとも呼ばれる）のみがブロックチェーンに記録される。画像や詳細説明等の構成要素は外

NFTの仕組み・構成要素

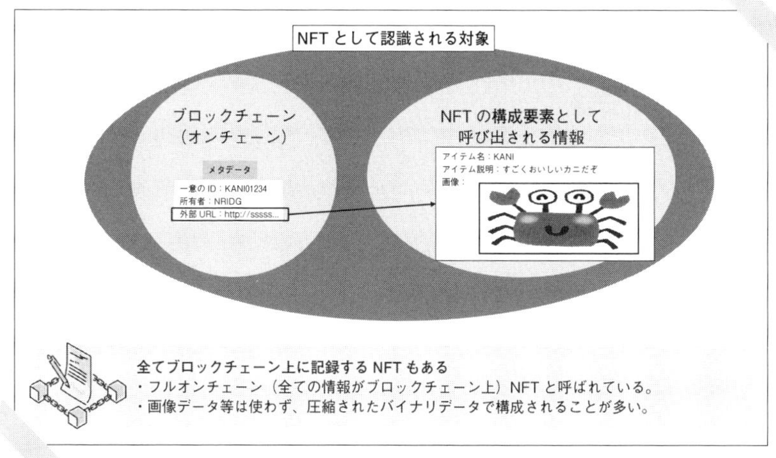

部ストレージ（分散型ストレージが使われることも多い）を呼び出している。全ての情報をブロックチェーン上に書き込もうとすると、大幅なトランザクション発行コストがかかってしまうため、このような工夫がなされている（図表参照）。

◎ NFT の種類・規格

NFT には、主に ERC721、ERC1155、ERC998などのブロックチェーンベースの規格がある。ERC721は、NFT を作成するために最も普及している規格であり、非常に高価な芸術作品やゲームアイテムの所有権を示す NFT によく使われる。

◎ NFT を使ってできること（企業実例）

NFT は、芸術作品のオンライン取引や、ゲームアイテムの取引、デジタルコンテンツの配布権限管理などに利用されている。企業においても、NFT を活用することで、商品やサービスの知名度を高めたり、ファンドレイジングに用いたりする取組みが増えている。例えば、NBA のチームがバスケットボールのトレーディングカード NFT を発売し、ビットコイン決済での販売で70億円以上の収益を上げたと報告された。

◎ NFT の未来展望

NFT の応用範囲は今後デジタルアートの所有権証明に留まらず、音楽、映画、デジタルコレクティブルとしての価値を持つ限定品の認証、さらには不動産や特許など、実物資産のデジタル表現に至るまで多方面に及ぶだろう。また、NFT を用いたオークションや、ブロックチェーンを活用したチケット販売など、新たな商取引の形も登場している。これらの動向は、デジタル所有権の概念を一新し、経済に新たな流れをもたらす可能性を秘めている。

トークン

◎デジタルアセット（金融分野、暗号資産）におけるトークンとは？

トークンとは特に暗号資産において暗号化されたデジタルファイルであり、所有権の証明やデータの取引記録等に使われるものを指す。取引が「ブロックチェーン上に記録され、改竄が不可能」という前提の文脈で用いられることが多い。デジタルアセットをトークンの観点から捉えることで、新しいビジネスモデルや金融サービスの創出が期待されている。

◎用途に応じたトークンの種別について

トークンには目的・特性に応じた分類・種別がある（図表参照)。

1．代替性トークン

代替性トークン（FT：Fungible Token）は、トークン同士が相互

トークン

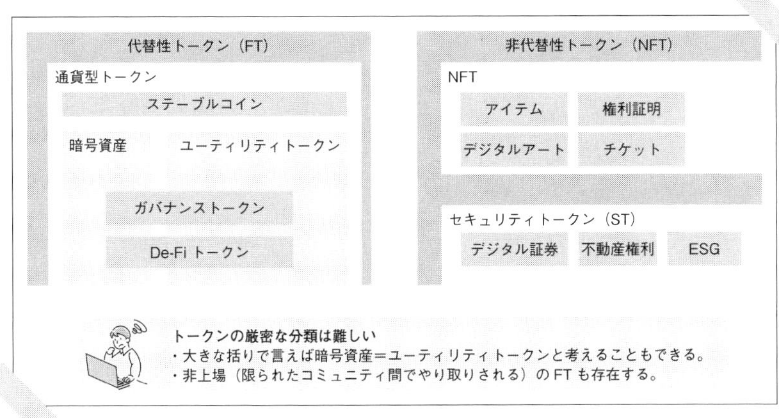

に代替可能であるトークンで、同じ種類であれば、互いに交換可能であることが特徴である。ビットコインやイーサリアムが代表的な例である。FT の種類には、一般的な暗号資産（通貨型トークンに含まれる）や、DApps（分散型アプリケーション）で使用されるトークン（ユーティリティトークンと呼称される）がある。次に、ユースケースに応じた分類をいくつか紹介する。

1-1．DeFi トークン

DeFi（Decentralized Finance）とは、中央集権的な金融機関を介さずに、ブロックチェーンなどの技術を活用して金融サービスを提供することをいう。DeFi トークンはこれらのサービスに対して、自動的にインセンティブを提供するために発行されるトークンである。例えば、流動性プールを提供する場合、ユーザーは DeFi トークンを保有することで、プールに流動性を提供し、報酬を獲得することができる。

1-2．ガバナンストークン

ガバナンストークンは、コミュニティ内で決定される重要な意思決定に参加するために発行され、投票力の重みとして用いられるトークンである。議決権を持ち、プロトコルのアップデートや方針決定に対して投票することができる。

1-3．ステーブルコイン

ステーブルコインは、価格が安定した暗号通貨であり、複数の方法で価格安定を実現している。主に、法定通貨担保型、暗号資産担保型、アルゴリズム型（無担保型）の３つの方式が存在する。

２．非代替性トークン

非代替性トークン（NFT：Non-Fungible Token）は、トークン同士が相互に代替不可能であるトークンのことである。同じ種類に見えるトークンでも、１つひとつがそれぞれ異なる属性（一意の ID 等）を持っており、ユニークであることが特徴である。芸術作品やゲーム内アイテム、土地の所有権などが NFT によって表現される。また、NFT は一般的にエコシステム内での利用に限定されるため、FT に比べて流動性が低くなることがある。しかし、NFT はそのユニーク性から、高額な売買が成立する場合があり、新しいビジネスモデルの構築が期待されている。

2-1．セキュリティトークン

セキュリティトークン（ST：Security Token）は、ブロックチェーン技術を用いてデジタル化された証券であり、その技術実態は NFT に近い。安全な権利の移転・記録が低コストで実現できることを活かし、近年小口証券での導入事例が見られる。

◎トークンエコノミーの進展とその社会的影響

セキュリティトークンが発展すると、伝統的な証券市場においても、発行から取引、清算までのプロセスがブロックチェーン上で完結し、効率化することが予想される。これにより、小規模ながらも質の高いプロジェクトへの投資が容易になり、企業にとっても新たな資金調達の手段となる可能性がある。

こうしたことに代表される「トークンエコノミー」の構築には、適切な規制や法的枠組みの整備が不可欠となる。個々のトークンの特性を正確に評価し、利用者を保護するためのガイドラインが求められる。トークン化の進展は、今後多くのチャンスを生み出す一方で、法律やセキュリティの面での新たな挑戦も求められることになるだろう。

マイニング

◎マイニングとは？

暗号資産におけるマイニングとは、取引データの内容を承認し、新たなブロックを作成する作業のことである。マイナー（採掘者／承認者）はその一連の作業の見返りとして、新規に発行された暗号資産を受け取ることができる。不特定多数のノードが新たなブロックを生成する際のルールのことをコンセンサスアルゴリズム（合意形成アルゴリズム）と呼び、代表的なものに演算力を重視したProof of Work（PoW）、保有量を重視したProof of Stake（PoS）、バリデーターへの報酬や手数料収入がない間接民主主義的なProof of Association（PoA）等（図表参照）が存在する。

◎マイニングの仕組み：Proof of Work（PoW）

主にBitcoinが採用しているPoWでは、各ノードがハッシュ関数を用いて演算競争を行い、一定の条件を満たす値（ナンス）を見つけた者

コンセンサスアルゴリズムの種類

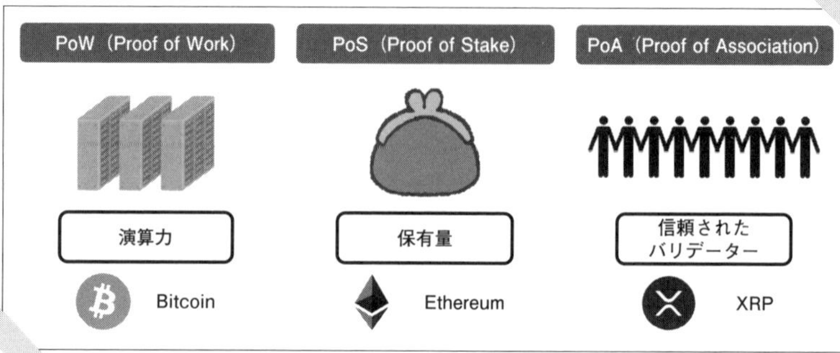

が、ブロックの生成・承認を行う。異なるマイナーがブロックを同時生成し、ブロックが分岐した場合は、後に一番長くつながったブロックを正当なものとみなす。計算の難易度は、約10分間でナンスが探索できるように約2週間ごとに自動調整される。

ブロックの承認を実行したマイナーは、報酬として暗号資産を受け取ることができるが、参考までにBitcoinの報酬額は2023年7月時点で6.25BTC（約2,800万円）である。

暗号資産のインフレを防ぐため、約4年ごとに半減期（Halving）があり、マイナーが得られるBTCの報酬が半分になるように設計されている。マイナーが公平に演算処理競争を行う必要がある点も、ネットワークの安全性向上に寄与している。

◎マイニングの仕組み：Proof of Stake（PoS）

主にEthereumが採用しているPoSは、各ノードが所有する暗号資産の量や保有期間に応じてマイニング確率が変動する仕組みである。PoSのメリットとしては、PoWと比較して処理速度が早い点やマイニングに必要な電力消費量が少ない点などが挙げられる。デメリットとしては、暗号資産を多く保有している人が恩恵を受けやすくなる点や特定の暗号資産の保有量や保有期間が重視されるため、暗号資産の流動性が高まりにくい点などが挙げられる。

Ethereumの報酬は、ステーキングの総量が増えれば増えるほど低下する設計となっている。参考までに2023年7月時点において、約2,300万ETH（約5兆7,500億円）がステーキングされ、年間利回りは5％前後となっている。

関連用語≫
ステーキング…特定の暗号資産を保有し、ブロックチェーンネットワークに参加することで、報酬を得る仕組みのこと。

ペイメントゲートウェイ

◎「ペイメントゲートウェイ」とは？

ペイメントゲートウェイとは、実店舗やオンラインで商品・サービスを購入する際の電子的な支払い処理を実現する技術的な基盤である。主な機能として以下が挙げられる。

・支払い処理：顧客が入力した支払方法（クレジットカード、デビットカード等）と支払情報（数量、価格、カード番号等）を事業者から受信し、決済ネットワークに送信し、トランザクションの承認を要求する。

・結果通知と支払い実行：決済ネットワークから応答（承認／拒否）を受信し、事業者及び顧客に結果の通知を行う。また、承認された場合は決済ネットワークに資金移動の実行を指示する（資金移動自体は決済ネットワークと金融機関によって行われる）。

・通信のセキュリティ確保：情報を暗号化し、セキュアな通信を行う。これにより顧客のプライバシーとデータセキュリティを確保する。

◎重要性が増すペイメントゲートウェイ

近年はクレジットカード・銀行振込など従来からの方法に加え、様々な業者によるペイメントサービス・QR コード決済など決済手段の多様化が進んでいる。チャネルに関しても実店舗・オンラインストア・モバイルアプリ・電話注文などの統合的な管理・分析といったオムニチャネル対応が求められる。また、最新のセキュリティ標準への準拠、多要素認証による不正アクセス防止、詐欺の検出と監視など、「守り」のアップデートも必須である。多様なニーズに対応した決済サービスを提供するインフラとしてペイメントゲートウェイの重要性は増している。

QR コード決済

◎ QR コード決済とは

QR コード決済はキャッシュレス決済の手段の１つである。ＱＲコードの代わりにバーコードを利用する場合もあり、総称としてコード決済とも呼ばれる。使用されるＱＲコードは、店舗側の情報や顧客側の支払い情報に紐づいており、スマートフォンの QR コード決済アプリを利用して決済を行う。政府のマイナポイント事業などのキャッシュレス推進政策や、各コード決済業者によるポイント還元等のキャンペーンにより急速に普及してきた。

◎ QR コードのスキャン方法、決済方法

QR コードのスキャン方法には、店舗側が顧客のＱＲコードを読み取って決済する「ストアスキャン方式」と、顧客側が店舗のＱＲコードを読み取って決済を行う「ユーザースキャン方式」の２種類がある。ユーザースキャン方式であれば、店舗側は決済端末などの機器を揃えなくても、店舗専用のＱＲコードを用意しておくだけで利用が可能である。これにより小規模な店舗でも導入しやすく、普及率の向上につながった。

また、支払い方法には、決済アプリに事前にチャージした残高から支払う（前払い）場合と、決済アプリに登録したクレジットカード（後払い）や銀行口座（即時払い）から支払う場合がある。

◎ QR コード決済のメリット

店舗等 QR コード決済サービス導入側にとっての主なメリットとしては、キャッシュレスのため現金の授受が減り、精算ミスの軽減や会計手順の簡素化が可能であることや、各コード決済業者によるキャンペー

ンを通じた新規顧客の獲得の可能性が挙げられる。また、購買履歴や売上がデータとして参照できるため、売上管理をデータ化することが可能である。他にも初期費用や手数料が、クレジットカード決済等従来のキャッシュレス決済方法よりも安い場合が多く、比較的導入コストが抑えられる点も特徴である。

一方、QR コード決済サービスのエンドユーザー（消費者）側にとっての主なメリットとしては、支払いの際に現金がいらないため、手持ちの現金を気にすることなく飲食や買い物ができることや、手軽に個人間送金ができることが挙げられる。加えて、各コード決済業者がユーザー獲得のために頻繁にポイント還元等のキャンペーンを行っており、その他の決済方法よりも高い還元が得られる場合があることも消費者にとってのメリットの１つだ。

◎QR コードの共通規格「ＪＰＱＲ」

複数の決済事業者が QR コード決済業に参入してきた結果、決済事業者毎に QR コードが異なることにより、店舗側が複数の QR コード決済を導入すると QR コードの出し分けが必要となりオペレーションが煩雑になったり、店舗のレジ周りのスペースを圧迫したりという負担につながっていた。そこで、2020年６月より総務省の主導で QR コードの共通規格である「JPQR」が全国展開された（現在は一般社団法人キャッシュレス推進協議会に運営が移管されている）。JPQR を使えば１つの QR コードで複数の決済サービスを使うことができ、利用者にも店舗にも、より便利なものとなった。また、JPQR を導入すると複数の QR コード決済サービスへの申し込みも一括で済むため、店舗側の負担も少なく済む。飲食店や小売店、一部の自治体窓口など、幅広い業種で導入されている。

デジタルウォレット

◎デジタルウォレットとは？

デジタルウォレットとは、現金やクレジットカードを持ち歩かずとも、スマートフォンやPCといったデジタル端末で資産が管理・決済ができるアプリケーションの総称である。近年はデジタルウォレットと個人情報が紐づくことで役割が多様化している。例えば、証券や暗号資産の売買、ローンの申請、出前サービスの利用など、様々なサービスをワンストップで利用するためのゲートウェイとして活用されている。

◎デジタルウォレットの種類

デジタルウォレットは、ソフトウェアアプリケーションやウェブベースのプラットフォームとして提供されるケースが多いが、以下に代表的な種類を紹介する。

① アプリ型

スマートフォンに専用のウォレットアプリをインストールして利用する。代表的な例としては、Apple Pay、PayPay、Meta Mask（暗号資産管理ウォレット）などがある。クレジットカード等の支払い方法を事前に登録しておくことで、店舗やオンラインショッピングでの決済が可能となる。

② クラウド型

インターネットサービスで利用するオンラインウォレット。代表的な例としては、PayPal、Wise、暗号資産取引所のカストディアルウォレットなどがある。ウェブサイトでアカウントを作成し、支払い方法や口座情報を登録することで、オンライン決済が可能となる。

③　ハードウェア型

ハードウェアデバイスに秘密鍵が保管されたウォレット。代表的な例としては、TREZOR や Ledger Nano 等がある。主に暗号資産の保管や取引に利用される。ハードウェアウォレットはオフラインで管理されるため、紛失のリスクが高い一方、ハッキングやウイルスによる脅威が比較的少ないとされる。

◎デジタルウォレットの安全性と将来性

デジタルウォレットは高度なセキュリティ技術を使用することで、ユーザーの資金とデータを保護している。例えば、多くのアプリ型ウォレットは生体認証や二段階認証を搭載し、不正アクセスを防止している。クラウド型ウォレットは常に最新のセキュリティ更新を受けることができるが、サイバー攻撃の脅威に晒されるため、常に注意が必要となる。ハードウェア型ウォレットはユーザーの管理下で保管できるという利点がある。

将来的には、デジタルウォレットはさらに多機能化し、ユーザーの日常生活に深く組み込まれることが予想される。例えば、ブロックチェーン技術を活用したウォレットはトランザクションの透明性を高めるだけでなく、ユーザーのプライバシー強化の余地がある。さらに、IoT デバイスとの統合による各種サービスとの連携など、新たな利用シーンが生まれるだろう。

このような進展は、金融業界におけるイノベーションを促進し、新たなビジネスモデルの創出に寄与する一方で、法規制の整備やプライバシーに関する課題への対応も必要となる。

関連用語≫

カストディアルウォレット：ユーザーの代わりに第三者が秘密鍵を保管・管理するウォレット。

デジタル賃金

◎「賃金のデジタル払い」が解禁

労働基準法では、賃金（給与）の支払いは原則として通貨（現金）によることと定めている。一方で、労働基準法施行規則では、労働者の同意を得た場合には、銀行口座への振込と、金融商品取引業者の預り金口座への払い込みを認めていた。そうした中、2023年４月の規制緩和で、一部のキャッシュレスサービスの口座に対する支払いが認められ、このことを「賃金のデジタル払い」と呼ぶ。なお、すべてのキャッシュレス事業者が対象ではなく、金融庁に登録した「資金移動業者」のうち、厚生労働大臣の指定を受けることが要件である。

◎利用者、キャッシュレス事業者にとってのメリット

NRI が2022年に実施した調査（生活者１万人アンケート調査（金融編））によると、PayPay や d 払い、auPAY などのスマートフォンを活用したキャッシュレスサービス（QR コード決済サービス）の利用率は20代～40代で60%を超えている。現役世代は、銀行口座で受け取った賃金をキャッシュレスサービスにチャージして利用するケースが多いが、「賃金のデジタル払い」によって、チャージの手間を軽減できる。

「賃金のデジタル払い」の対象となるキャッシュレス事業者から見ると、賃金を自社の口座で受け取るユーザーが増えれば、自社サービスの決済額が増大する効果を見込める。他方で、キャッシュレスサービス事業者の中でも「賃金のデジタル払い」の対象にならない業態もある。例えば、クレジットカード会社や、前払式支払手段（交通系 IC カードなど）発行者、あるいは銀行等である。彼らから見ると、自社サービスの顧客を奪われる可能性がある。今後の競争活性化が期待される。

ZEDI（全銀 EDI システム）

◎ ZEDI とは

ZEDI（全銀 EDI システム）は、銀行振込の際に請求書情報等の多様な情報を振込電文に付加して送信できるシステムである。全国銀行協会が2018年に稼働させた。従来では、振込電文に追加できる EDI（Electronic Data Interchange、電子データ交換）情報は20桁の固定長に限定されていたが、ZEDI では国際標準である「ISO20022」に対応し、XML 形式で多くの情報を付加できるようになった。2023年8月時点で、銀行、信用金庫、信用組合など1,000以上の金融機関が接続している。

◎ ZEDI のメリットと課題

企業間取引の資金決済を銀行振込で行う場合、受け取り側は自社が発行した請求書と入金明細を突合わせ、入金状況を確認する「入金消込」と呼ぶ業務が必要である。以前は、担当者の目検に頼ることも多く、負荷が大きかった。ZEDI を用いれば、請求書情報を受け取り側の会計システムに取り込み、「入金消込」を自動化するなどの効率化が可能である。

しかし、ZEDI の利用（2021年度）は、銀行振込件数の0.01％にとどまっている。ZEDI はお金の受け取り側にメリットが多い一方で、支払い側にはメリットが乏しいためである。そのため、支払い側にコスト負担が生じるシステム整備が進まないことが理由だとされる。こうした中、全銀協では2023年10月開始の消費税のインボイス（適格請求書）制度に向け、ZEDI でデジタルインボイス情報を送るための標準規格「DI-ZEDI」を策定した。今後、これらの取り組みを通じて、ZEDI の利用が拡大するか注目される。

ロボアドバイザー

◎ロボアドバイザーとは？

ロボアドバイザーとは、アルゴリズムやAIを活用して投資をサポートする資産運用サービスのことである。投資商品の購入から運用までをロボアドバイザーに一任できる「投資一任型」と、アドバイスを元に自分で購入や運用を行う「アドバイス型」がある。

◎ロボアドバイザーのメリット・デメリット

自身の投資知識や投資経験に囚われない投資判断で資産運用ができることや、特に投資一任型に関しては自動で資産を運用してくれるため、投資先を選ぶ手間や、定期的な商品購入・リバランスを行う手間がかからないことがロボアドバイザーの主なメリットとして挙げられる。従来の金融アドバイザーに比べて手数料が低く、最小投資額も比較的低いため、初心者や小口投資家にとっても利用しやすい。一方、投資に慣れている投資家にとっては自身が直接運用するよりもトータルの手数料が大きくなりがちであることや、長期的な投資を目的として運用するものが多いため短期での利益は見込みにくい点が、デメリットとなりうる。

◎ロボアドバイザーにおけるAIの活用

ロボアドバイザーにおける主なAIの活用方法は以下のとおり。

- 年齢や年収、投資目標、リスク許容度、時間枠などの情報に基づいて最適な投資戦略や購入商品を提案。
- 高度なデータ分析とモデリング手法を用いて、市場の動向や投資のパフォーマンスを評価し、リバランスやポートフォリオの最適化を行う。
- 税務効率性や手数料の最小化など、利益を最大化する戦略提案。

AI運用

◎AI運用とは？

AI運用とは、人工知能（AI）を活用して投資や資産運用を行う手法のことである。AIの高度なデータ分析能力や機械学習アルゴリズムを活用することで、過去の市場動向やデータからパターンを見つけ、将来の投資判断やリスク管理を支援する。

◎AI運用の特徴

一般的に指摘されるAI運用の特徴としては以下のようなものがある。

・データに基づいた投資判断：過去の市場データやファンダメンタルズ、マクロ経済指標など膨大なデータを高速で分析し、傾向やパターンを抽出する。これにより、より客観的でデータに基づいた投資判断が可能である。

・高度な予測能力：機械学習を活用して市場の変動に適応し、予測精度を向上させる。特に、短期的な価格変動や市場の変化を迅速に把握する能力に優れている。

・リスク管理：過去のデータやシミュレーションをもとに、ポートフォリオのリスク分散やストレステストを行い、リスクを最小化する戦略を提案する。

・自動化と効率化：24時間体制で市場を監視・分析することが可能である。

AIの意思決定プロセスはブラックボックス化されるため、理論的な根拠が不透明になることがある点や、過去のデータを元に予測を行うため、市場が予期せぬ変動を起こした場合に対応が難しいことがある点については留意が必要である。

クオンツ投資／アルゴリズム投資

◎クオンツ投資／アルゴリズム投資とは？

クオンツ投資とは、数学的モデルや統計学的手法、そしてアルゴリズムを活用して投資戦略を開発・実行する取引手法で、アルゴリズム投資とも呼ばれる。「クオンツ」とは、数量的・定量的という意味の"Quantitative" から派生した言葉である。この手法では、過去のデータやテクニカル指標、ファンダメンタルズなどの大量のデータを分析し、市場の傾向やパターンを特定することで市場の動向を予測し、投資の意思決定を行う。金融機関やヘッジファンド、個人投資家など、様々な投資家がクオンツ投資を活用しているが、高度な技術とデータ分析を必要とするため、専門的な知識や経験が求められる。

◎クオンツ投資のメリット・デメリット

クオンツ投資のメリットは、人間の感情やバイアスが介入することなく、科学的な手法による客観的で合理的な意思決定が行われることだ。また、大量のデータを高速かつ効率的に処理できるため、リアルタイムの市場情報を取り入れた戦略の実行が可能となる。

その一方で、基本的に過去の大量なデータから得た情報をもとに投資を行うため、予測不可能、突発的な相場では分析精度が落ちる可能性がある点に留意が必要である。

デイトレード

◎デイトレードとは？

デイトレードとは、１日の間に売買を完結させるトレーディング手法のことである。一般的には株式市場や外国為替市場などの現物取引や信用取引において用いられる。取引をしたその日のうちに同一銘柄に対する反対売買を行い、翌日にポジションを持ち越さず、１日の値動きの中で売買をすることで利益を重ねていく。

◎デイトレードの特徴

一般的に指摘される特徴としては以下のようなものがある。

・短期志向：デイトレードは短期的な値動きを狙うトレードスタイルであり、ポジションを翌日に持ち越さない。そのため、デイトレーダーは市場の日中の値動きをよく観察し、チャート分析やテクニカル指標を活用してエントリーポイントとエグジットポイントを判断する。

・リスク管理：翌日にポジションを持ち越さないため、取引終了後の決算発表やニュース、海外市場の動向などによる影響を受けづらい。

・心理的な負担：デイトレードは短期的な値動きに敏感な取引スタイルであるため、相場の変動に素早く反応する必要があり、トレーダーには高い集中力と冷静な判断力が必要とされる。

関連用語≫

スキャルピング…数秒から数分程度の非常に短時間の間に売買を完結させるトレード手法。

スイングトレード…数日から数週間の短期間で売買を完結させるトレード手法。

高速取引

◎高速取引とは？

高速取引は、金融市場においてコンピュータを活用して超高速かつ大量の取引を行う取引手法。高頻度取引とも呼ばれ、英語表記の"High-Frequency Trading" の略で「HFT」とも呼ばれる。プログラムされたアルゴリズムに基づいて価格の動きを統計的に分析し、わずかな価格の動きを瞬時に捉えて、１秒間に数千回以上もの高頻度で売買の注文を繰り返すことで利益を積み上げる。株式のほか、デリバティブや外国為替など取引規模が大きく流動性の高い市場を取引対象とする。

◎高速取引の特徴

一般的に指摘される高速取引の特徴としては以下のようなものがある。

・取引の遅延が数ミリ秒でも利益に影響を及ぼすため、ミリ秒単位の高速化が追求される。

・取引の通信時間のロスを極力なくすため、取引所システムと同じ場所にサーバーを置くコロケーションサービスを利用することで、執行時間を最短にする。

◎高速取引の主な戦略

高速取引行為者向けの監督指針で定義されている高速取引の主な戦略は下記のとおりである。

・マーケットメイク戦略：売りと買いの両注文を市場に出し、他の投資家の取引相手となることで、両価格のスプレッド分の利益を得る戦略。

・アービトラージ戦略：価格変動に相関がある複数の銘柄（例えば、日経225の先物と日経225のＥＴＦ）の価格差や、同一商品の市場間での価格差などに着目し、裁定取引を行うことで利益を得る戦略。
・ディレクショナル戦略：近い将来の価格の変動を予測して利益を得る戦略。

◎高速取引に関する議論

高速取引は、売り手と買い手の間に仲介として入り、スプレッド（売値と買値の差）を狭めることで、市場に流動性を供給し、株価変動を緩やかにするという点がメリットとして挙げられる。一方で、下記のような批判的な意見もある。
・プログラムの不具合で株価が急落したり、短時間で値動きが増幅したりと、市場の不安定性を増大させる可能性がある。
・高速で大量のトレードを行うため、他の投資家に対して不利な影響を及ぼす可能性がある。

このような批判を受け、日本では高速取引業者に登録制が導入された。取引記録の作成・保存、超高速取引を行うことを当局に通知することなどを登録業者に求め、証券会社には体制整備が不十分な業者からの注文を取り次ぐことを禁止した。2023年３月時点で49社が登録している。

円キャリートレード

◎低金利の円で資金調達

円キャリートレードとは日本円を調達して行うキャリートレードのことである。キャリートレードとは金利の低い通貨で資金調達を行い、その資金を金利の高い通貨に転換して資産運用を行うことである。日本円以外にもドルやユーロでも同じ手法が採れるが、低金利が続く日本円等で資金調達されることが一般的である。機関投資家等は低金利の通貨を借り入れ、それを高金利の通貨に変えて運用することにより金利差収入を得ることができる。個人投資家も外国為替証拠金取引（FX）を通じて、証拠金を元に日本円を借りそれをドルに変えて、利益を得ることができるので、これも円キャリートレードということができる。

◎注意点

本取引では中央銀行の利上げ動向や、運用主体の将来見通し変化に注意を払う必要がある。すなわち、円の金利上昇や運用通貨の金利低下は、期待収益を低下させる。取引が解消されると、円が買い戻されることで円高が誘発され、為替差損が発生する可能性がある。また、運用通貨の投資先資産（株式など）の価格の下落を起因とした取引の解消（円の買戻し）にも注意が必要である。機関投資家・個人投資家問わず本取引に対して与えられた与信枠の中でレバレッジをかけて取引している場合もある。その場合、為替差損や運用資産の価格下落等に際して求められる証拠金あるいは担保の追加に応じられないと、保有ポジションを半ば強制的に解消されるケースがある。こうした事態が連鎖的に発生すると、急速に円高が進みさらに為替差損が増えるといった悪循環が生じる場合もあるので注意が必要である。

FX

◎為替差益を狙う取引

FX（外国為替証拠金取引）は各通貨の価格変動に基づいた取引であり、主に為替レートの差益を得るために行われる。金融商品取引法上はデリバティブ取引に該当する。証拠金をFX会社に預託しそれを担保にレバレッジをかけて取引することが可能で、少額の証拠金でも多額の資金を扱うことができる。現物株式などはまず購入から始まるが、FXの場合は売りから入る（当該通貨を保有しない状態でも売りポジションを持つ）ことができる。

◎取引方法と規制

投資家は金融商品取引所に上場されているFX取引を行う「取引所FX取引」または金融商品取引業者との相対で取引を行う「店頭FX取引」で取引を行うことができる。以前は取引に関するルールが定められておらず投資家が十分に保護されていなかった。しかし、2005年に金融先物取引法が改正され勧誘のルールやリスク表示、各種開示ルールが整備された。FX取引はデリバティブ取引であるので、日本居住者に対してサービスを提供する場合は金融商品取引業の登録が必要である。

関連用語≫

デリバティブ取引…株式・債権・通貨等の原資産金融商品から派生した取引でリスクヘッジの目的で利用されるのが一般的。先物取引やオプション取引などがある。

差金決済取引…CFDとも呼ばれる。実際の有価証券のやり取りを行わず、決済時の差益または差損を金銭のやり取りのみで済ませる取引。

バイナリーオプション

◎シンプルな予想で投資収益を得るオプション取引

店頭オプション取引のうちの１つで、顧客はオプション料を証券会社に支払った上で未来のある時点の外国為替またはその他指標等の騰落を予想するなどしてその結果に基づいてペイアウトを受け取ることのできる金融商品である。金融商品取引法上は有価証券関連店頭デリバティブ取引または通貨関連店頭デリバティブ取引に分類され各種規制を受ける。

◎形態

オプションの内容には様々な形態がある。例えば、権利行使価格より指数等が高いか低いかを判定する以外にも原資産の値がオプション残存期間中に権利行使価格に達した（達さなかった）場合にペイアウトとなる「タッチバイナリーオプション」や、価格帯を設定し、ある判定時刻に指標がその価格帯の内側（外側）にある場合にペイアウトとなる「レンジバイナリーオプション」などが存在する。シンプルなルールで高度な金融知識を持っていなくても始めやすいため、個人向けの取扱いをしている証券会社も多い。

◎問題点

上述のとおり、シンプルなルールや手元資金が少額でも取引をすることができる特徴があるため素人でも始めやすい。しかし、そもそも相場を予想するのはプロでも困難であり、ギャンブル色の強い金融商品となってしまっているという問題がある。そのため、金融庁を含めた各種機関が危険性の啓発活動や取引ルールの自主規制を拡充している。

オフショア投資

◎低税率・規制の緩い地域のファンドを購入する取引が一般的

オフショア投資とは投資家が自国以外の国や地域（オフショア金融センター）に投資することである。基本的には税率が低く規制が緩い地域に本籍を置くファンド等を購入するケースが多い。主要なオフショア金融センターとしてはケイマン諸島やヴァージン諸島などが有名である。

日本国内で購入できる投資信託についてもファンズ・オブ・ファンズの形でオフショア籍のファンドに投資している場合もある。投資信託以外にも生命保険などもラインナップされている。

◎信頼できるエージェントを介すことがポイント

低税率や緩い規制によりオフショア金融商品は総じて利回りが高い商品が多いが、各種リスクに注意が必要である。例えば、商品自体の情報や契約周りの情報がオフショア国の言語でしか提供されていない商品もあり情報収集が難しい場合がある。また、この類の商品を日本居住者に販売する場合は事前に登録を行う必要がある。しかし、無登録のまま営業活動を行っている業者や個人も存在しており問題となっている。加えて、担当者と突然連絡がつかなくなり積み立てた資金が回収できない等の詐欺も起こる可能性がある。そのため、投資に先立ってはまず信頼できるエージェントを見つけるところから始める必要がある。

関連用語≫
ファンズ・オブ・ファンズ…通常ファンドは株式や債券等に投資するがファンズ・オブ・ファンズは投資信託を投資対象としたものを言う。

プライベートエクイティ

◎プライベートエクイティとは？

プライベートエクイティ（PE）とは、証券取引所に上場していない「非上場株式」（未上場株式）をいう。PE には、創業・成長期のベンチャー企業から成熟した大企業まで幅広い発行体が存在する。

PE は①証券取引所で取引されないため流動性が低い、②金融商品取引法に基づく開示規制の対象とならない発行体が多く、投資判断の材料となる情報に乏しい、といった特徴が見られる。他方で、投資リターン追求やリスク分散の観点から、機関投資家や一部の富裕層による投資が行われてきた。例えば、年金積立金管理運用独立行政法人（GPIF）は、2023年３月末時点で PE に4673億円を投じている。

◎PE 投資の類型

PE に対する投資方法は、各投資家が自己資金を個別 PE に投資する直接投資型と、複数投資家の資金を束ねたファンドを通じて投資する PE ファンド型がある。

キャピタルゲインやインカムゲインを狙った投資の場合、エンジェル投資家を除くと、一般的には PE ファンド型が選好されることが多い。日本プライベート・エクイティ協会のレポートによれば、日本国内でも PE ファンドの年間組成額は２兆円規模で推移している。

これまで、国内の PE ファンドは最低投資額が１億円程度と、機関投資家や一部の富裕層向けの商品として供給されてきた。しかし、近年では Fintech 企業が最低投資額を100万円程度に引き下げた商品を一般の個人投資家向けに組成・供給する事例も見られるようになった。今後、投資家の裾野が広がるかどうかが注目される。

IFA

◎ IFA とは？

IFA は “Independent Financial Advisor“ の略称で、「独立系ファイナンシャルアドバイザー」とも呼ばれる。証券会社や銀行などに所属せず、独立した立場から資産運用やファイナンシャルプランニングに関するアドバイスを行う、金融アドバイザーの業態の一種である。法人を指す場合と、アドバイザー個人（IFA 法人に所属して IFA 業務をする個人や、個人事業主として IFA 業務をする個人）を指す場合がある。金融商品仲介業者としての登録を受ける必要があり、登録には証券会社との業務委託契約が必要。業務委託契約先数に制限はないので、複数の証券会社と契約を結ぶことも可能。業務委託契約を行うが、証券会社とは協業相手という位置づけであり、販売方針を指示されたり営業ノルマを課されたりはしない。

顧客が金融商品を売買した際の手数料の一部を証券会社から受け取る仕組みになっており、相談料がかからない場合が多い。資産運用の提案や商品の売買の媒介は、IFA が証券会社から貸与されたシステムを使って行う。一方、口座の管理、金銭・有価証券などの授受は顧客と金融機関の間で行われる。

◎ IFA の日本国内における普及とネット証券との親和性

IFA がいち早く普及してきた米国と比較すると、日本国内の IFA は約6,000名（日本証券業協会が公開している金融商品仲介業者の登録外務員数（2023年６月末現在）の合計によると6,593名）とまだ少ない。しかし、近年特にネット証券が積極的に IFA と業務提携するようになってきている。ネット証券は営業拠点や営業員を必要とせず、店舗での対面販売のみを行う証券会社に比べて取引手数料が安いのがメリットである。しかし、投資情報はすべて自分で集めなければならず、投資対象の相談をする相手もいないというデメリットがある。このデメリット解消のために IFA との業務提携が活用されており、ネット証券各社の IFA 経由の預かり資産が年々増加している。

◎IFA のメリット

IFA のメリットは以下のとおりで、顧客にとっては、より自由度が高く透明性のあるアドバイスが得られる可能性があるが、その選定には信頼性や実績の確認が重要。

・独立性、客観性：特定の金融機関の販売方針やノルマに縛られず、顧客のニーズや目標に合わせた最適な金融商品や運用戦略を選択することが可能。
・パーソナライゼーション：顧客１人ひとりの状況やリスク許容度を詳細に把握し、個別に最適化された金融プランを提供することが可能。
・包括的なアドバイス：投資に限らず、教育資金の準備、税務計画、保険選定など、広範なファイナンシャルプランニングを提供することが可能。弁護士や税理士などを兼務していたり、外部の専門家と連携したりすることで、顧客に合った包括的なサービスを提供する場合もある。
・具体的な商品に関するアドバイス：具体的商品にまで踏み込んだアドバイスが可能で、購入からその後のアフターフォローまで、一気通貫でのサポートが可能。

関連用語≫
金融サービス仲介業…2021年に新たに創設された業種で、１つのライセンスで証券だけでなく、銀行・保険・貸金業分野のサービスの媒介も行うことができる。特定の金融機関への所属も不要で、より独立した立場から包括的なアドバイスが可能。

オルタナティブデータ

◎伝統的データ以外のデータ

オルタナティブデータとは投資判断を行うためのインプットデータのうち、従来から使用されている伝統的なデータ（企業が開示する有価証券報告書等）以外のデータのことをいう。データの種類は多岐にわたり、衛星映像であったり気候データであったり一概に定義することが困難である。

◎特徴

有価証券報告書等の従来から投資判断に使用されているインプットデータはある程度構造化されている。すなわち、必要な項目やデータ型が既に定義されていることが多い。それゆえ、分析を行いやすく、コンピュータープログラムでの処理も行いやすい。しかし、オルタナティブデータは通常非構造化データであることが多く、データ項目や型が定義されておらず分析等が非常に行いづらい。加えて、そのデータ量が膨大（ビッグデータ）であることが多くデータの管理コストが高く、分析の難易度をさらに高めている。

◎データ例

衛星データ、気象データ、POS データ、石油タンカーの GPS 位置情報、WEB サイトの口コミ情報、携帯電話通信網を利用した時系列場所別人口データなど枚挙にいとまがない。画像データ、音声データなどの文字以外のデータも対象となる。

◎目的と利用方法

投資家がオルタナティブデータを利用する一番の目的は同業他社より早く投資対象の動向を掴み、先手を打って投資活動を行いたいからである。言い換えると、企業の開示を待たずしてその開示内容を予測し意思決定を行いたいからである。例えば、あるビールメーカA社の業績がその夏の気温に左右されているということが分かったとする。そうすると、天候データを分析することでA社の開示を待たずして業績を予測することが可能となる。すなわち、冷夏であるならばビールの売れ行きが悪くなり、暑夏であるならば飛ぶように売れるという事象を業績開示のはるか前に察知することが可能となる。

上記はビールメーカ×気象データの例であったが、分析対象の業種によって多種多様のデータが分析対象となり得る。その玉石混交のデータから他社より先に価値のあるデータを探し、分析できた企業が利益を得ることができる。

◎利活用にあたっての課題

オルタナティブデータの利活用については、従来の伝統的なデータ以上に高度な統計的分析手法を用いなくてはならず、膨大なデータから可能性のあるデータを見つけるある種の“第六感”も必要である。また、従来のロジックベースの分析では通用しない場合は機械学習等のアプローチも必要となり、その場合各分野の専門家が必要である。

関連用語≫
ビッグデータ…非常にサイズの大きいデータ。一般的には非構造化データであることが多く、一見すると無価値なデータの山に見えるが正しく分析することにより価値が出てくる。

ビッグデータ

◎ビッグデータ

ビッグデータとは、サイズが極端に大きいことから、従来の手法では全体像の把握や分析が困難なデータ群のことである。

明確な定義は存在しないものの、「Volume（量）」、「Variety（多様性）」、「Velocity（速度）」を意味する「3V」、あるいは、ここに「Veracity（正確性）」を加えた「4V」が、ビッグデータの特徴とされる。

総務省の情報通信白書（平成29年版）では「スマートフォン等を通じた位置情報や行動履歴、インターネットやテレビでの視聴・消費行動等に関する情報、また小型化したセンサー等から得られる膨大なデータ」が例として挙げられている。

◎ビッグデータ利活用時の課題

近年、機械学習のようなデータの分析・活用手法が発展したことにより、ビッグデータの有用性が益々強く意識されるようになっている。他方、ビッグデータの利活用にあたっては、データの保存容量の不足や、データに含まれる個人情報等の取り扱いを含む情報セキュリティ面への対応、データサイエンティストの不足といった様々な課題も指摘されている。

トランザクションレンディング

◎従来型融資とトランザクションレンディングの違い

トランザクションレンディングは、システム上に蓄積されたトランザクションデータ（取引記録）を与信審査に活用した融資サービスのことである。データ活用の面で、AI（人工知能）を用いた審査プロセス自動化との組み合わせや、非対面のオンラインチャネルのみで提供、といった特徴が付随することも多い。

従来型の融資は、融資実行可否や融資条件の決定にあたり、法人向け融資だと担保の有無や財務情報（貸借対照表、損益計算書）、個人向け融資だと個人の属性（職業、年収）を重視していた。それに対して、トランザクションレンディングでは、法人の場合は日々の売上情報や口座入出金、個人の場合はインターネット通販の購買履歴といった取引データを利用することが特徴である。

◎課題

トランザクションレンディングは、従来型の融資と比べて、「審査期間が短い」、「借り手にとって良い融資条件を提示できる」といった効果が喧伝され、伝統的な金融機関にとっては脅威とみられることもあった。しかし、個人向け、法人向けとも、従来型の融資を超えるサービスは登場していない。これは、多くの借り手から見て、トランザクションレンディングを選択せずとも、従来型の融資で資金需要を満たせていることを示唆する。しかし、日本でも金利上昇の可能性が現実味を帯びる中で、トランザクションデータの活用を通じて金利面の優位性がある商品・サービスが実現した場合には従来型の融資を代替していく可能性もあるだろう。

クラウドファンディング

◎クラウドファンディングとは？

クラウドファンディングは、各種資金需要者が、インターネットを通じて不特定多数の者（群衆＝Crowd）からお金を募る（ファンディング）取組みである。資金拠出とリターンの設計によって、大きくは、「寄付型」「購入型」「投資型」の３類型に分類される。「寄付型」と「購入型」は、個人が投じた資金に対して元本償還や利金・配当金がなく、代わりに資金需要者が提供する財やサービスを受け取る設計とすることが多い。広い意味では、2022年度に9,654億円を集めた「ふるさと納税」制度も「寄付型」の一例といえる。

◎投資型クラウドファンディングの現状と今後

資金拠出者に対して、インカムゲインやキャピタルゲインの獲得機会提供を想定したスキームを組成する場合を「投資型」と呼ぶ。「投資型」では、実質的な投資対象（投融資先）として、①特定の企業、②特定の事業、③不動産等の資産が想定される。

金融庁は、新規・成長企業（ベンチャー企業）へのリスクマネーの円滑な供給（類型①）を目的として、2014年に金融商品取引法を改正したものの、2022年（暦年）の調達実績は77件、19億円に留まっている。

一方、不動産を実質的な投資対象とするもの（類型③）は拡大が続き、クリアル（東証グロース上場）が提供するクラウドファンディングサービスは、2023年３月期に123億円を集めている。

今後は、「資金需要者がインターネットを通じて資金供給者とつながる」というクラウドファンディングの特徴を生かし、不動産以外の領域でも活用が進むかどうかがポイントである。

P2P 融資

◎P2P 融資とは

ピア・ツー・ピア（peer-to-peer）融資は、銀行等の金融機関を介さずに、インターネットを経由して、直接個人等の貸し手が個人や中小企業等の借り手に対して資金を貸し付ける新たな融資の仕組みである。

情報通信技術の発展と、オンライン上での融資審査アプローチの充実等を背景に、欧米を中心に市場規模が拡大してきた。日本では、消費者金融やカードローンなどが発達していたこと等から個人間での P2P 融資は伸び悩みがみられた。しかしその後、法人の資金調達手法として徐々に市場規模が拡大している。

◎P2P 融資のメリット・デメリット

P2P 融資事業者（プラットフォーム提供者）は審査や金利の提案等のサービスをインターネット上で提供する。銀行等による従来型融資と比べ、店舗等の運営が不要であるほか、融資先のデフォルトリスク等を抱える必要がない。借り手にとっては、審査期間が比較的短期で済み、また一般的には金利が抑えられるメリットがある。また、貸し手は融資する相手や金利等の条件を柔軟に選択でき、相対的に高いリターンを期待できるとされる。

関連用語≫
クラウドファンディング…不特定多数の支援者が個人や法人に対して、寄付、融資、投資、購入といった形で資金を提供する仕組み。P2P 融資は、融資型のクラウドファンディングの一種である。

ICO

◎ICOとは？

ICOは「Initial Coin Offering」の略称であり、ブロックチェーン技術を活用した資金調達手法の一種である。ICOと似た資金調達の仕組みとして、IEO（Initial Exchange Offering）、STO（Security Token Offering）等がある。

ICOでは、ブロックチェーンを用いたサービスを提供する企業や団体が、一定量の暗号資産（トークン）を発行して投資家に売り出すことで資金を調達する。投資家はトークンの値上がり幅（キャピタルゲイン）、トークンを利用してコミュニティの意思決定に参加（DAO参加権）、トークン保有者の特典（ステーキング等DeFiサービスへのアクセス、配当金等）を期待してICOに参加する。

ICOが国内外で実施され始めたのは2014年頃であるが、プロジェクト側は暗号資産を用いることで、金融機関を介することなく簡単に世界中の個人から資金調達をすることが可能となった。しかし、暗号資産に関する規制の整備が未成熟だったこともあり、証券性の高い暗号資産（配当金付き自社トークン）が無認可で発行されたり、ICO詐欺（プロジェクトによる資金持ち逃げ）が頻発するなど問題視された。

現在、日本国内でICOを行うには金融庁の監督の下、必要に応じて金融商品取引法への準拠、投資家保護、マネーローンダリング対策等が必要となるため、実質的にICOはほぼ実施されていない。

◎トークン経済と規制の進化

ブロックチェーンを使用した資金調達は、プロジェクトを支援する革新的な方法として注目されたが、規制の不備が多く、上記のとおりの問題を引き起こした。このため、金融庁をはじめとする規制当局は、投資家保護の観点から、ICO に厳格なルールを設けた。現在、資金調達の主流は IEO や STO に移行しており、これらはより透明性が高く、規制に準拠した安全な方法として位置づけられている。STO は特に証券のトークン化を通じて、伝統的な金融商品に新たな命を吹き込む試みであり、金融市場の未来を形作る重要なステップとなっている。

◎IEO、STO とは？

ICO に取って代わる資金調達手段として現在実施されているものが IEO と STO である。IEO は暗号資産交換業ライセンスを保有する取引所が様々な観点からプロジェクトの審査を行い、プロジェクトトークンを自社の取引所に上場する。上場されたトークンは資金決済法に準拠し、取引所を利用する投資家に販売される。IEO で上場されるトークンは基本的に証券とはみなされない。

これに対して STO は従来の株式や債券をトークン化・上場したものである。株や債券と同様の上場プロセスを経て規制当局の許認可を得たものが販売される。セキュリティトークンは通常、証券会社を通じて販売される。

STO（Security Token Offering）

資金調達

◎STOとは？

STO（Security Token Offering）は、ブロックチェーン等の先進的な技術を活用して有価証券をデジタル化した「セキュリティ・トークン（ST）」を用いた資金調達のことである。日本では、2020年5月施行の改正金融商品取引法により、「電子記録移転有価証券表示権利等」の定義が明確化され、STO関連の法制度が整備された。法令遵守や投資家保護が十分ではないICOと比べ、金融法制に準拠している点が大きな特徴である。

STOでは、STの権利者（保有者）をブロックチェーン上でデジタル管理しており、ST発行・流通に伴う権利者台帳の更新をリアルタイムで自動的に反映できる。その結果、事務処理の簡素化や管理コストの低減といった効果が見込める。

◎日本法におけるSTの定義

金商法が定める「電子記録移転有価証券表示権利等」は、図表のとおり、①トークン化有価証券、②電子記録移転権利、③適用除外電子記録移転権利に3分類することができる。これら3つを総称して広義のST、②のみを指して狭義のSTと呼ぶことがある。

金商法は、流動性が高いとされる伝統的な株、債券などが該当する第一項有価証券では開示や勧誘において厳しい規定を設けている。一方、流動性が低いとされてきた第2項有価証券（集団投資スキーム持分など）では第1項有価証券と比べてやや緩やかな規制をしてきた。しかし、第2項有価証券をSTで発行した場合、流動性が高まることが想定される。そのため、それらは第1項有価証券として取り扱うこととし、例外的に

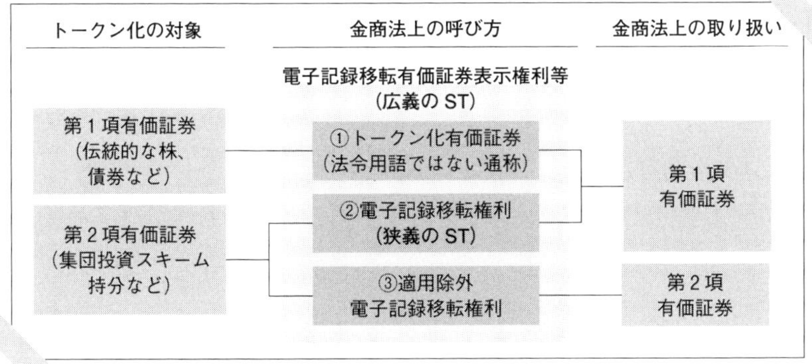

流動性が低いと想定される場合に限って、第２項有価証券として取り扱うこととしている。

◎今後の展望

これまでのところ、ST 発行は PoC に留まる場合も多く、一度の発行金額は多くて数億円〜数十億円程度だった。そうした中、2023年７月には、東京・月島のタワーマンションを ST 化し、総額134億円分を個人投資家に小口販売する事例が公表された。このように、徐々に発行市場（プライマリー市場）の事例蓄積は進んでいる。しかし、資金調達者や投資家の目線で見ると、ST のビジネス上の利点が確立されたとは言いにくい。ST の長所を生かしたユースケースの探索が課題である。

また、投資家目線で見ると、ST の流通市場（セカンダリー市場）がまだ十分に発展していないことも、ST 投資に積極的になりにくい１つの理由であろう。セカンダリー市場については、SBI グループなどが出資する大阪デジタルエクスチェンジ（ODX）が開設を目指している。今後、セカンダリー市場整備の動向が注目される。

デジタル債券

◎デジタル債券とは？

デジタル債券とは、デジタル技術を活用して権利者を管理する債券のことである。狭義ではブロックチェーン技術を利用したものを指し、STOとの関連性も強い。債券（公債、社債）のうち、特に社債を個人投資家に小口発行する手段として注目を集めている。

日本では、2006年以降のほとんどの社債は、証券保管振替機構（保振）が提供する「一般債振替制度」によって電子的に管理されている。しかし、社債の発行者から見ると社債権者の把握において、①リアルタイム性がない、②メールアドレスなどの情報がない、といった課題があり、③社債利息も現金渡し以外の方法に乏しかった。

◎デジタル社債のメリットと課題

それに対して、デジタル債券の仕組みを活用することで、柔軟な商品性をもった社債発行が可能になる。例えば、消費者向けサービスを提供する発行体では、社債権者に自社ポイントを発行し、それをトリガーに個人投資家を自社経済圏に誘導する。他にも、利払いを現物給付にする（例えば自社サービスを無償提供）ことで、財務面ではキャッシュアウトを減少させるといった利点が考えられる。

一方で、社債を資金調達手段として見たときには、発行体の資金需要を満たすための販売力が重要である。従来、社債の大半は証券会社が対面営業力を生かして販売してきた。しかし、小口のデジタル社債の場合は販売コストを下げるため、金融機関の非対面チャネルの活用や、発行体自ら投資家に販売する「自己募集」などの工夫が求められる。証券会社の対面営業力に頼らずに十分な資金を調達できるかが論点だろう。

インフレターゲット

◎インフレターゲットとは

中央銀行が「物価の安定」を目指す上で、インフレ率に具体的な数値目標を掲げる金融政策運営の枠組みのことである。インフレ（インフレーション）・ターゲティングとも呼ばれる。

日本では、2013年1月に、長引くデフレからの早期脱却と物価安定の下での持続的な経済成長の実現に向けた施策の1つとして「物価安定の目標」が導入され、消費者物価指数（CPI）の前年比上昇率で2%とされた。

◎他国におけるインフレターゲットの状況

欧州では、2003年に消費者物価指数（HICP）の前年比上昇率で「2%に近いがそれを下回る水準」が目標に掲げられた。その後2021年に「上下に対照的な2%」に変更された。また米国では、2012年に、個人消費支出（PCE）コアデフレーターの前年比上昇率で2%が目標に設定された。

関連用語≫
PCEコアデフレーター…FRBが物価動向をみるうえで最も重視するインフレ指標。名目PCE（個人消費支出）を実質PCEで割ったPCEデフレーターから価格変動が激しい食品とエネルギーを除いたもの。

異次元金融緩和

◎異次元金融緩和とは

異次元金融緩和とは2013年４月のQQE（量的・質的金融緩和、128頁参照）の導入以降、黒田東彦総裁の下で日本銀行が実施してきた金融政策の通称である。QQEの下では、金融市場調節の操作目標を（従来の政策金利から）マネタリーベースに変更したほか、買入れ対象とする金融資産を大幅に拡大する方針が示された。こうした方針について黒田総裁が「量的にも質的にもこれまでとは次元の違う金融緩和を行う」と説明したことから、異次元緩和と呼ばれるようになった。

◎異次元金融緩和はどの程度異次元なのか

日本では、2001年から2006年まで、金融市場調節の主たる操作目標を日本銀行当座預金残高とするQE（量的緩和政策、128頁参照）が導入された。この間、当座預金残高目標は段階的に引き上げられ最終的に30～35兆円程度とされた。また、2010年から2013年には、「包括的な金融緩和政策」が実施された。同政策の下でも、資産買入等の基金が創設され、その総額は2012年12月には101兆円程度まで拡大された。

これに対し、2013年４月に導入されたQQE（量的・質的金融緩和）、いわゆる異次元金融緩和では、マネタリーベースを年間60～70兆円のペースで増加させることが示唆された。結果として、マネタリーベースは2012年末実績（138兆円）から2014年末には約２倍である270兆円）に拡大した。その後もさらに資産買入れの規模は積み増され、ピーク時にはマネタリーベースは700兆円近くまで膨らんだ。

海外との比較でも、日本銀行のマネタリーベース規模は、ピーク時に

バランスシート規模／名目 GDP

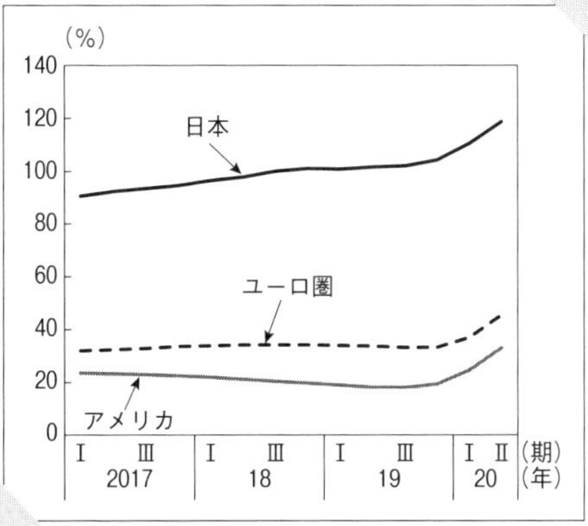

はGDPの1.3倍の規模まで膨らんでおり、米国（同0.4倍）や欧州（同0.7倍）よりも大規模な金融緩和が行われたとの評価もある（図表参照）。

◎異次元金融緩和の目的と効果（副作用）

日本銀行は、「物価安定の目標（消費者物価の前年比上昇率2%)」を、できるだけ早期に実現するため異次元金融緩和を導入した。その後、国際的な商品市況の高騰等もあって、消費者物価の前年比が目標水準を上回る局面もみられている。

一方で、長引く金融緩和のもとで、低金利による財政規律の緩みや、過度な円安の進行、金融市場の機能度の低下といった副作用の強まりも指摘されている。こうした下で、日本銀行が、今後、いつどのように金融政策の正常化に向けてかじを切るかが注目されている。

関連用語≫
マネタリーベース…中央銀行が世の中に直接的に供給するお金のこと。日本では「日本銀行券発行高」＋「貨幣流通高」＋「日銀当座預金」の合計。

QE／QQE

◎ QE及びQQEとは

QEはQuantitative Easing（量的緩和）、QQEはQuantitative and Qualitative Monetary Easing（量的・質的金融緩和）の略称である。

QE（量的緩和）は、国債の買入れ等を通じて、中央銀行が市場に大量に資金を供給することで、景気や物価を下支えすることを目指す金融緩和策である。金利を上下させる従来の政策において、政策金利が実質ゼロ水準まで低下し、さらなる引下げ余地がなくなる下で日本や米国、欧州など多くの地域で採用された。

なお、QQE（量的・質的金融緩和）は2013年４月に日本銀行が導入を決定した金融緩和の強化策である。同政策では、イールドカーブ全体の金利低下や各種金融資産のリスクプレミアムへの働きかけが企図された。この下で日本銀行は金融市場調節の操作目標を金利から資金の供給量に変更し、長期国債やETF、J-REITの買入れ額を引き上げたほか、買い入れる長期国債の年限を長期化するなどした（詳細は「異次元金融緩和」126頁参照）。

◎ QQEの現状

QQE（量的・質的金融緩和）は、2016年１月の「マイナス金利付き量的・質的緩和」、同年９月の「長短金利操作付き量的・質的金融緩和」へと強化・修正されながら、2023年時点においても継続されている。

関連用語≫
QT…Quantitative Tighteningの略称。中央銀行が保有する金融資産（の一部）を再投資せずそのまま償還させるなどして、量的緩和を段階的に縮小させること。

YCC

◎YCC とは

YCC は「イールドカーブ・コントロール（Yield Curve Control）」の略称で、中央銀行の金融政策手段の１つである。長短金利操作とも呼ばれる。

イールドカーブ・コントロールは、中央銀行が、従来の短期の政策金利に加え、長期金利についても目標水準を設定し国債の買入れ等の金融市場調節を通じて操作することを目指す金融政策である。

日本では2016年９月に日本銀行が「長短金利操作付き量的・質的金融緩和」の政策枠組みの一部としてイールドカーブ・コントロールを導入した。具体的には、短期の政策金利（日本銀行当座預金における政策金利残高への付利）に▲0.1％を適用した。長期金利については、10年物国債金利が概ねゼロ％程度で推移するよう長期国債の買入れを行う金融市場調節の方針が定められた。それ以来、同じタイミングで新たに導入された指値オペや固定金利での資金供給といったオペレーションも活用しながら、長期金利の変動を一定の範囲内に止めるよう運用されている。

◎YCC の変遷（長期金利の変動幅の拡大）

日本銀行は当初、許容する長期金利の変動幅について具体的な目途を示していなかった。その後、国債市場の機能度の低下等の副作用もみられる下で、2018年７月に、許容する長期金利の変動幅を YCC 導入後の実績であるゼロ±0.1％程度から倍程度に拡大する方針が示された。その後、2021年３月に「より効果的で持続的な金融緩和を実施していくための点検」の結果も踏まえ、同変動幅を±0.25％程度と明確化した。

その後、新型コロナの感染拡大やロシアによるウクライナ侵攻もあって世界的に物価が上昇し債券市場のボラティリティが高まる下で、2022年12月に日本銀行は再びＹＣＣの運用を見直した。すなわち、10年物国債金利の目標はゼロ％で維持しつつ、許容する変動幅を±0.5％程度に拡大した。

さらに、2023年７月には、経済・物価の不確実性が極めて高くなっていることを理由として、上下双方向のリスクに機動的に対応するためＹＣＣの運用を一層柔軟化することを決定した。具体的には、長期金利の変動許容幅の±0.5％を目途として、指値オペで規定する実質的な長期金利の上限を1.0％に引き上げる方針が示されている。

関連用語≫

イールドカーブ…横軸に債券の残存期間、縦軸に債券の利回り（金利）をとり、両者の関係を表した曲線のこと。通常、債券の残存期間が長いほど金利が高くなるためイールドカーブは図のように右上がりの曲線となり、こうした状態を「順イールド」と呼ぶ。しかし金融政策や景気の局面によっては長短金利の水準が逆転し、右下がりの形状を示す事もあり、その状態を「逆イールド」と呼ぶ。

指値オペ…2016年９月に導入された新型オペレーションの１つ。日本銀行が指定する利回りで無制限に国債を買い入れることで金利の上昇を抑える金融市場調節手段のこと。

CBDC（中央銀行デジタル通貨）

◎CBDCとは？

CBDC（Central Bank Digital Currency、中央銀行デジタル通貨）は、中央銀行が発行するデジタル化された通貨である。

CBDCは、①中央銀行による発行（＝通貨）、②価値がデジタル化されて提供、という２点の特徴を併せ持っている。このうち、価値のデジタル化という観点のみに着目すると、既に世の中には民間銀行の預金やキャッシュレス決済手段（SuicaやPayPayなど）といった民間発行のデジタルマネーが存在し、幅広く利用されている。しかし、それらのデジタルマネーは、民間企業である発行者が破たんした際には価値が毀損するリスクがある。また、強制通用力を持たないため、受取人は預金やキャッシュレス決済手段による支払いを拒否することが可能である。それに対して、CBDCは価値の毀損リスクはなく、強制通用力を持つという点で、民間発行のデジタルマネーとは一線を画している。

◎CBDCの類型と諸外国の検討状況

CBDCには、金融機関同士の取引に用いられる「ホールセール型CBDC」と、個人を含む世の中で幅広く使われる「一般利用型CBDC」の２形態がある。このうち、「ホールセール型CBDC」が想定する金融機関同士の決済については、既に中央銀行に民間金融機関が開設した口座を用いたデジタル処理が実現されていることから、紙幣をデジタル化する「一般利用型CBDC」に関する検討が各国で進んでいる。

CBDCの発行は、中国の中国人民銀行が2019年に実証実験を始めた「デジタル人民元」構想が先行した。また、新興国の中では、バハマやナイジェリアなどでCBDCの発行事例も見られるようになった。一方、主要国では、米国や英国、ユーロ圏などで検討が進むものの、CBDCの具体的な導入時期・計画は2023年８月時点では決定していない。

これらの諸外国の動きには、国・経済圏によって、既存通貨に関する課題意識が異なる点に留意が必要である。例えば偽造紙幣が多く出回っている国や、金融包摂が不十分な国においては、CBDCを基本的なインフラとして提供する意義がある。また、国際的な取引に幅広く使われる「基軸通貨」として現時点では米ドルが用いられているものの、米国への依存度を下げたい国からすると、CBDC発行を通じて自国通貨を基軸通貨化したいというニーズも想定される。

◎日本銀行の動き

日本銀行は、2020年10月に公表した取組方針の中で、「現時点でCBDCを発行する計画はない」と前置きしつつも、「今後の様々な環境変化に的確に対応できるよう、しっかり準備しておくことが重要」だとしている。その上で、2021年４月から2023年３月にかけCBDCの基本的な実現可能性を技術面などから検証する「概念実証」を２つのフェーズに分けて実施した。2023年４月には「概念実証」の次の段階として、パイロット実験に着手したほか、2023年７月には制度設計に関する議論・検討のために金融機関やITベンダーなど60社の民間事業者が参加する「CBDCフォーラム」を設置した。

日本では、銀行口座を誰でも開設でき、民間のキャッシュレス決済手段も豊富に存在し、紙幣への信認度も高いといった特徴がある。その中で、CBDCは活用シーン・ユースケースの検討を通じて、導入意義を明確化していくことが必要だろう。

FRB

◎FRBとは

Federal Reserve Board（米国連邦準備制度理事会）の略。米国の中央銀行制度であるFRS（Federal Reserve System、連邦準備制度）における最高意思決定機関。全米12地区に置かれた連邦準備銀行を統括している。

FRBが開催する政策決定会合はFOMC（Federal Open Market Committee）と呼ばれ、そこで米国の金融政策方針が議論される。FOMCでは、７名のFRB理事と持ち回りで選ばれた５名の地区連銀総裁の12名が投票権を持つ。

◎FRBの機能

FRBは金融政策の運営により、「物価の安定」と「雇用の最大化」に資することを目的としている（いわゆるデュアル・マンデート）。

FRBの金融政策は、米国の他国との経済的なつながりや金融市場の連関を通じて、グローバルに大きな影響を与える。米ドルは基軸通貨として多くの貿易や投資に利用されているほか、他国との金利差は国際的な資金フローに変化をもたらし得る。そのため、FOMCの結果は国内外の投資家から広く注目されている。なお、FRBは、短期金利の操作に加え、長期的な物価の目標からの乖離や危機時の市場の混乱等への対応として、量的緩和などの非伝統的な政策を実施することもある。

FRBは、FRSの監督を通じて、金融政策の運営のほか、金融システムの安定性の維持、金融機関の監督・規制、決済システムの安全性や効率性の向上、消費者保護等の機能を担っている。

Part 3
AML／CFT／金融リスク

AML

◎ AML とは？

AML（Anti-Money Laundering）とは、マネーローンダリング防止対策のことである。

◎ マネーローンダリング（マネロン）とは？

マネロンは日本語で「資金洗浄」を意味し、麻薬取引や脱税等の犯罪や不当な取引によって得られた資金に対し、架空や他人名義の金融機関口座等を転々とさせてその出所や真の所有者を隠蔽することで、捜査機関による犯罪収益の発見や検挙を逃れようとする行為である。マネロンにより洗浄された資金はさらに別の犯罪に使用されたり、テロ組織の活動資金になり得たりすることから、その対策が国際的に重要視されている。

◎ AML の起源と取組み

AML は元々薬物犯罪の対策を前提として始まった取組みであるが、2001年に発生した米国同時多発テロ事件を受けて、その前提犯罪が従来の薬物犯罪からテロ等の重大犯罪にまで拡大された。

日本では、麻薬特例法や組織的犯罪処罰法等の法律により、金融機関などの対象事業者に対して取引時確認や疑わしい取引の届出が義務付けられるなど、テロ資金供与対策と併せて AML の実施が求められている。

関連用語≫
金融活動作業部会（FATF）…マネーローンダリング対策（AML）及びテロ資金供与対策（CFT）における国際協調を推進するため設立された政府間会合。

CFT

◎CFT とは？

CFT（Countering the Financing of Terrorism：テロ資金供与対策）とは、テロリストやテロ組織に対する資金供給を防止するための対策のことである。

対策の具体的な内容としては、金融機関が顧客の身元確認を徹底することや、不審な取引を報告する仕組みを整備すること等が挙げられる。また、金融機関だけでなく、不動産業や宝石取引業など、マネーローンダリングに利用される可能性がある業界も対象となる。

国際的には、金融活動作業部会（FATF）が CFT の推進を行っている。FATF は、マネーローンダリング対策と共に CFT を重要な課題と位置づけ、各国に対策の強化を求めている。各国は FATF の勧告に基づき法律や規制を整備し、実効性のある CFT 体制を構築していくことが求められる。

CFT は国際社会全体で取り組むべき課題であり、それぞれの国が協力し合うことで初めて成果を上げることができる。資金の流れを追跡し、テロリストの活動を阻止するためには、各国の法執行機関や金融機関が連携し、情報を共有することが不可欠である。CFT は、テロリズムを根絶するための重要な取組みであり、国際社会としての一体感を持って取り組むべき課題である。

関連用語≫

金融活動作業部会（FATF）…マネーローンダリング対策（AML）及びテロ資金供与対策（CFT）における国際協調を推進するため設立された政府間会合。

FATF（金融活動作業部会）

AML／CFT対策の基本

◎FATFとは？

FATF（Financial Action Task Force on Money Laundering：金融活動作業部会）とは、マネーローンダリング対策（AML）及びテロ資金供与対策（CFT）における国際基準の制定や国際協調の推進のため設立された政府間会合である。1989年にフランスのパリで開催されたG7アルシュ・サミットにおいて設立された。

FATFは当初、マネロン対策の国際基準として「40の勧告」を提言し、麻薬犯罪に関するマネロン対策を主な目的としていた。しかし、2001年に発生した米国同時多発テロ事件を受けて、テロ資金供与対策にまでその対象を広げ、テロ資金供与及び関連するマネロンの犯罪化、テロリストの資産の凍結・没収、テロリズムに関係する疑わしい取引の届出等、テロ資金供与に関する「9の特別勧告」を策定した。その後、2012年にこれら2つの勧告が統合され、マネロン・テロ資金供与に加えて拡散金融をカバーする新しい40の勧告に整理された。

◎FATFの参加国・地域及び国際機関

2023年6月末現在、FATFにはOECD（経済協力開発機構）加盟国を中心に、以下の37の国・地域及び2つの国際機関が参加している。

〈国・地域〉アルゼンチン、オーストラリア、オーストリア、ベルギー、ブラジル、カナダ、中国、デンマーク、フィンランド、フランス、ドイツ、ギリシャ、香港、アイスランド、インド、アイルランド、イスラエル、イタリア、日本、ルクセンブルク、マレーシア、メキシコ、オランダ、ニュージーランド、ノルウェー、ポルトガル、

ロシア、シンガポール、南アフリカ、韓国、サウジアラビア、スペイン、スウェーデン、スイス、トルコ、英国、米国
〈国際機関〉欧州委員会（EC）、湾岸協力理事会（GCC）

◎FATFの主な活動内容

FATFでは、主に以下のような活動を行っている。

① マネロン対策及びテロ資金対策に関する国際基準（FATF勧告）の策定及び見直し
② FATF参加国・地域相互間におけるFATF勧告の遵守状況の監視（相互審査）
③ FATF非参加国・地域におけるFATF勧告遵守の推奨
④ マネロン及びテロ資金供与の手口及び傾向に関する研究

◎FATF相互審査報告書の公表

FATFは、各参加国・地域に対して順次審査団を派遣し、審査対象国におけるマネロン対策及びテロ資金対策の法制、監督・取締体制、マネロン犯罪の検挙状況等様々な観点から、勧告の遵守状況について相互に審査し、相互審査報告書を公表している。

日本に対する相互審査は1994年、1998年、2008年及び2021年の４度実施された。2021年の第４次相互審査の結果、日本は３段階中２番目の「重点フォローアップ国」と位置づけられ、マネロン等の対策の成果を上げていることが認められたが、さらなる対策向上のため資産凍結措置の強化、暗号資産等への対応の強化、マネロン対策等強化の法改正に取り組むべきとの勧告を受けた。指摘事項の改善状況は３年間毎年報告するよう義務付けられており、政府と金融機関等が官民一体となって一層のマネロン対策を強化することが求められている。

NRA（犯罪収益移転危険度調査書）

AML／CFT対策の基本

◎NRAとは？

NRA（National Risk Assessment：犯罪収益移転危険度調査書）とは、国家公安委員会が2015年から毎年作成・公表している、特定事業者等が行う取引の種別ごとにマネーローンダリング等に悪用される危険度等が記載された調査書である。

この調査書の公表は、金融活動作業部会（FATF）が各国に対し「自国における資金洗浄及びテロ資金供与のリスクを特定、評価」することを要請していることや、G８行動計画原則において各国が「リスク評価を実施し、自国の資金洗浄・テロ資金供与対策を取り巻くリスクに見合った措置を講じる」ことが盛り込まれたことを踏まえたものである。

◎NRAの内容

NRAには、主に以下のような内容が記載されている。

・マネーローンダリング事犯等の手口分析
・疑わしい取引の届出の業種ごとの受理件数等の集計
・捜査機関において疑わしい取引の届出を端緒として検挙した事件例
・取引形態ごとの危険度の評価や事例
・顧客の属性による危険度の評価
・金融機関や保険会社等の業種ごとの取り扱う商品・サービスに対する危険度の評価

関連用語≫
金融活動作業部会（FATF）…マネーローンダリング対策（AML）及びテロ資金供与対策（CFT）における国際協調を推進するため設立された政府間会合。

リスク評価書

◎リスク評価書（特定事業者作成書面等）とは？

リスク評価書とは、金融商品取引業者に対して作成が求められている、自らが行う取引について調査・分析しマネーローンダリングのリスクを評価した結果を記載する書面である。

犯収法施行規則において「特定事業者作成書面等」として規定されており、金融商品取引業者に対しては同書面を作成することに加えて、必要に応じて内容の見直しをすることや、同書面の内容を勘案して確認記録及び取引記録等を継続的に精査することが求められている。

◎リスク評価書の内容

リスク評価書には、国家公安委員会が毎年作成・公表する犯罪収益移転危険度調査書（NRA）の関係部分を基に、必要に応じて各事業者特有のリスク要因を加味し、次のような事項を記載することが想定される。

・取引形態ごとの危険度の評価
・顧客の属性による危険度の評価
・商品・サービスに対する危険度の評価

関連用語≫
犯罪収益移転危険度調査書…国家公安委員会が2015年から毎年作成・公表している、特定事業者等が行う取引の種別ごとにマネーローンダリング等に悪用される危険度等が記載された調査書。

KYC（顧客確認）

◎KYCとは？

KYC（Know Your Customer：顧客確認）とは、企業による顧客の本人確認手続のことである。金融機関におけるKYCの主な目的は、マネーローンダリング対策（AML）、テロ資金供与対策（CFT）及び詐欺等の違法行為の防止である。

従来、KYCの手続は、金融機関における新規の口座開設やローン申込み時のほか、古物商における古物の買取り時、携帯音声通信事業者（携帯電話キャリア）における新規の回線契約等の際に行われてきた。近年ではこれらに加えて、インターネットサービスのアカウント開設等のシーンにおいても、なりすまし登録やトラブルの防止、年齢確認のためにKYCが実施される場合がある。

◎本人確認の方法

顧客は自身の身元を証明するために、対面や郵送で本人確認書類を提出する。本人確認書類には、運転免許証、マイナンバーカード、パスポート、在留カード等の公的な身分証明書が使用されることが多い。また、住所の証明として公共料金の領収書等が要求される場合がある。

従来、犯収法では、店頭窓口等で顧客と対面して本人確認書類の提示を受ける方法や、非対面の場合は本人確認書類の写しを郵送や画像のアップロードによる提出を受けて記載住所に転送不要郵便を送付する方法での本人確認が規定されていた。2018年、犯収法が改正され、新たに非対面の本人確認手法である「eKYC」が規定された。

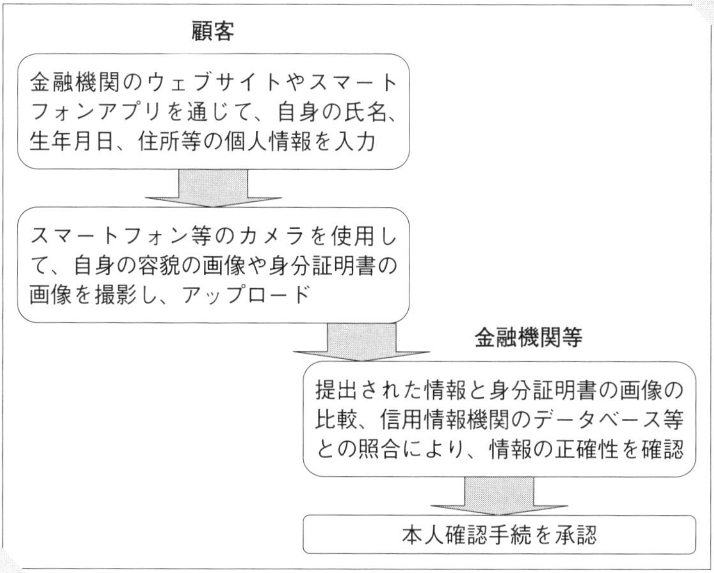

顧客

金融機関のウェブサイトやスマートフォンアプリを通じて、自身の氏名、生年月日、住所等の個人情報を入力

↓

スマートフォン等のカメラを使用して、自身の容貌の画像や身分証明書の画像を撮影し、アップロード

↓

金融機関等

提出された情報と身分証明書の画像の比較、信用情報機関のデータベース等との照合により、情報の正確性を確認

↓

本人確認手続を承認

◎eKYCとは？

eKYC（electronic KYC：電子本人確認）とは、スマートフォンやパソコンを使用して、オンライン上で本人確認手続きを完結できる仕組みである。

eKYCによる本人確認の手続きは、主に図表のような流れで進められる。

図表のとおりのプロセスが無事に完了し、本人確認手続が承認されると、顧客はサービスを利用できるようになる。

また犯収法では、前述のような身分証明書の画像を用いる方法の他に、マイナンバーカード等に記録された電子証明書を用いてeKYCを行う方法も規定されている。

CDD(顧客デューデリジェンス)

予防対策

◎CDD（顧客デューデリジェンス）とは

CDD：Customer Due Diligence（顧客デューデリジェンス）とは、個々の顧客の情報や取引履歴などを収集し、顧客ごとのリスク評価・リスク低減を行う一連の対応を指す。顧客管理ともいう。

CDD はマネーローンダリングやテロ資金供給の防止を図るための中核的な項目であると FATF（Financial Action Task Force：金融活動作業部会）により定められている。

◎CDD が必要な理由

CDD はマネーローンダリングやテロ資金供給の防止を図ることが目的である。しかし、その本質は金融機関等が自身の顧客を理解し、リスク評価の結果からリスク低減措置を講ずることである。

金融庁発行の「マネー・ローンダリング及びテロ資金供与対策に関するガイドライン」では各々のリスクに応じた対策を講じることが効果的かつ実効的な対策を行う上で重要であるとし、リスクベース・アプローチの必要性を述べている。リスクベース・アプローチでは対策レベルを判断するために顧客ごとのリスクの特定・評価が不可欠であり、CDD が重要となってくる。

◎CDD の実施ステップ

CDD では具体的に以下を実施する。

1. 顧客識別と確認：顧客の身元を確認する。通常、公的に発行された身分証明書（運転免許証、パスポートなど）を使用して行い、顧客の氏名、生年月日、住所などの基本的な情報を確認する。

2. 顧客のリスク評価：顧客のリスクプロファイルを作成し、それに基づいてリスク評価を実施する。評価には、顧客の居住地、職業、取引の種類、頻度、規模などを考慮する。
3. 評価結果の記録：識別した顧客情報及びそれに基づいて評価したリスク結果を記録し管理する。
4. 顧客の取引行動の理解：顧客がどのような取引を行うかを理解する。顧客のビジネスや財務状況、取引の目的などを把握することで、異常な取引や潜在的な違法行為を早期に発見することが可能となる。
5. 断続的な顧客管理：顧客の取引を定期的に監視し、その行動が以前のリスク評価やそのビジネスや取引のパターンと一致するかを確認する。必要に応じてリスク評価を更新する。

◎CDD の進化と今後の挑戦

CDD のプロセスは金融犯罪の検出に不可欠であり、その方法論は絶えず進化している。デジタル化の波に伴い、身分証明の電子化やバイオメトリクスの導入が進み、より高度な顧客認証が可能になっている。また、ビッグデータ分析や人工知能の活用により、複雑な取引パターンの分析や異常な行動の即時検出が行えるようになり、リスク管理の精度が向上している。

将来的には、CDD プロセスはさらに洗練され、金融機関のリスク防止体制は強化されることが期待される。しかし、プライバシー保護の法規制の強化や、顧客情報の安全な管理に関する社会的な要求も高まっている。これらの要求に応えつつ、効果的なリスク評価と監視を続けることが、CDD の今後の大きな挑戦となるだろう。

関連用語≫

断続的な顧客管理…取引開始後も継続的に顧客管理を実施すること。

EDD（強化された顧客デューデリジェンス）

予防対策

◎ EDD（強化された顧客デューデリジェンス）とは

EDD（強化された顧客デューデリジェンス）とは、マネーローンダリングやテロ資金供用等のリスクが高いと判断した顧客と取引を行う際に追加の情報提示を求めることや、取引のモニタリング強化を行うなど通常の顧客に比べて追加の対応を実施する行為、またその仕組みを指す。厳格な顧客管理ともいい、通常、CDD（顧客デューデリジェンス）プロセスの一部として行われる。

◎ EDDにて求められる事項

金融庁発行の「マネーローンダリング及びテロ資金供与対策に関するガイドライン」では、顧客のリスク評価の結果、高リスクと判断した顧客に対して以下の措置を講じるよう求めている。

1. 資産・収入の状況、取引の目的、職業・地位、資金源等について、リスクに応じ追加的な情報を入手すること
2. 当該顧客との取引の実施等につき、上級管理職の承認を得ること
3. リスクに応じて、当該顧客が行う取引に係る敷居値の厳格化等の取引モニタリングの強化や、定期的な顧客情報の調査頻度の増加等を図ること
4. 当該顧客と属性等が類似する他の顧客につき、顧客リスク評価の厳格化等が必要でないか検討すること

関連用語≫

CDD（顧客デューデリジェンス）…顧客の情報や取引履歴などから顧客ごとのリスク評価・リスク低減を行う一連の対応のこと。

SDD(単純化された顧客デューデリジェンス)

予防対策

◎SDD（単純化された顧客デューデリジェンス）とは

SDDとは、マネーローンダリングやテロ資金供用等のリスクが低いと判断した顧客と取引を行う際の本人確認プロセスの簡略化や、取引におけるモニタリング閾値を上げること。または間隔を広くするなど通常の顧客に比べて簡素化し円滑な取引実施に寄与する行為、またその仕組みを指す。簡易的な顧客管理ともいい、通常、CDD（顧客デューデリジェンス）プロセスの一部として行われる。

◎「管理をしない」という意味ではない

リスク評価の結果、公的機関による取引の場合や、取引額が一定限度額以下などの理由により低リスクと判断されたユーザにおいてもその後顧客管理を実施しなくても良いということではない。

取引のモニタリングや継続的な顧客情報の収集を行いながら顧客のリスク評価を更新することが重要である。リスク状況が変化した場合（例えば、顧客が大量の取引を行うようになった場合など）は、通常の顧客デューデリジェンス（CDD）や強化された顧客デューデリジェンス（EDD）に切り替える必要がある。

関連用語≫
CDD（顧客デューデリジェンス）…顧客の情報や取引履歴などから顧客ごとのリスク評価・リスク低減を行う一連の対応のこと。
EDD（強化された顧客デューデリジェンス）…高リスクのユーザに対して厳格な顧客管理措置を適用するプロセス及び仕組みのこと。

PEPs（重要な公人）

◎ PEPs（重要な公人）とは

PEPs（重要な公人）とは重要な公務を担当する人物、また、その身内及び PEPs が実質的支配者である法人を指す。

PEPs は立場上、国家の予算や各種政策に直接影響を与えることができ、その地位や影響力を悪用して汚職や贈賄を行うリスクがあるとされている。また、PEPs が関与する取引は規模が大きいことが多く、これがマネーローンダリングの手段として利用される可能性がある。

◎ PEPs（重要な公人）の具体例

具体的には以下の職位にあるもの、または過去にその職位にあったものを PEPs（重要な公人）として扱う。加えて、その家族も PEPs として扱われる。

A．PEPs（重要な公人）に該当する職位

1．国家元首や政府の閣僚
2．大使や公使等の政府を代表する職
3．主要な政党の議長等の幹部
4．最高裁判所の裁判官
5．中央銀行の役員
6．軍の高官（各種幕僚長等）
7．予算について国会の議決を経、または承認を受けなければならない法人の役員

B．Aに該当するものの家族

1．配偶者（事実婚含む）
2．父母

PEPs の家族の範囲（点線内部分）

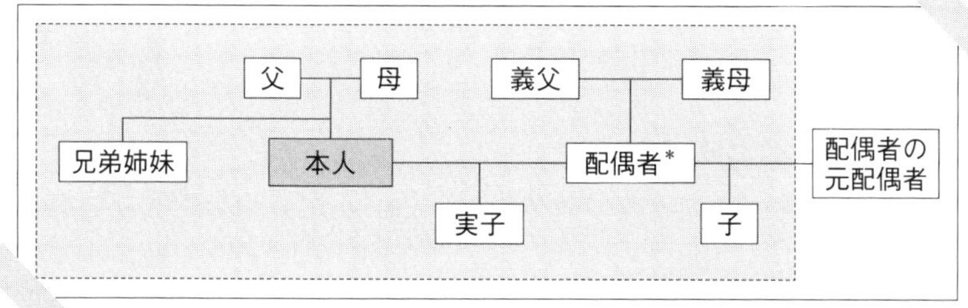

（＊）事実上婚姻関係と同様の事情にある者（内縁関係にある者等）を含む

3．子

4．兄弟姉妹

5．配偶者の父母

◎外国 PEPs への対策の必要性

PEPs は大きく国内 PEPs と外国 PEPs に分類され、国内 PEPs が自国の高位職位者であるのに対し、外国 PEPs は他国の高位職位者を指す。

外国 PEPs は日本とは異なる法制度や社会環境、経済環境下で活動しており、一般的に国内 PEPs に比べてマネーローンダリングや腐敗のリスクが高いとされている。そのため FATF（金融活動作業部会：Financial Action Task Force）の勧告により、外国 PEPs への対策が強く求められている。

具体的に、金融機関は新規取引を実施する際に確認を行い、顧客が外国 PEPs であることが確認された場合、取引のつど厳重な取引時確認を行うことが求められている。

関連用語≫

実質的支配者…法人の事業経営において実質的な支配が可能な個人や企業、グループのこと。

実質的支配者

◎実質的支配者とは

実質的支配者とは、法人の事業経営において実質的な支配が可能な個人や企業、グループのこと。

FATF（金融活動作業部会：Financial Action Task Force）の勧告において定義され、日本においては「法人の議決権の総数の４分の１を超える議決権を直接または間接に有していると認められる自然人等」を指すとされている（犯収法施行規則11条２項）。

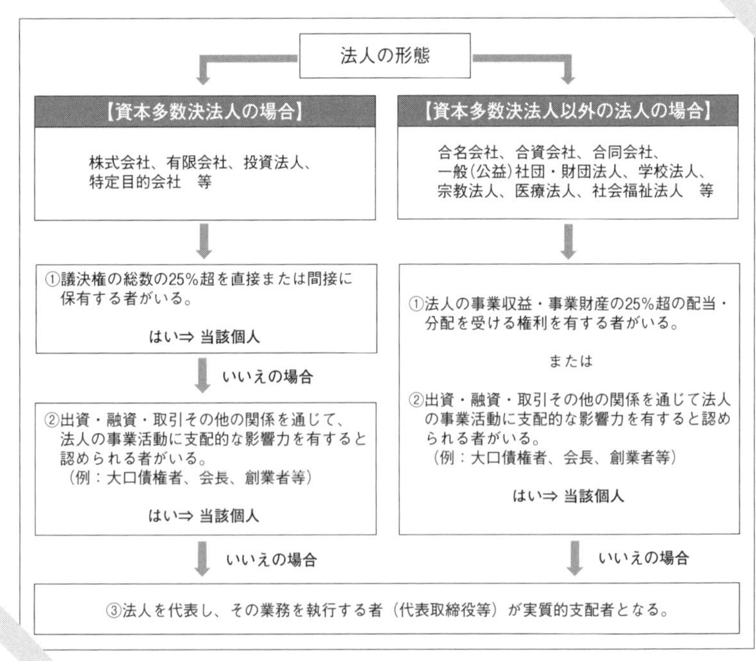

◎実質的支配者の判定方法

実質的支配者の判定方法は、対象とする法人の形態により異なる。

株式会社等の資本多数決法人に関しては、「議決権が50%を超える個人または企業」が実質的支配者に該当する。こうした個人または企業が存在せず、「議決権が25%を超える個人または企業」が存在する場合は、該当するすべての個人または企業が実質的支配者に該当する。

間接的な議決権保有の場合も実質的支配者に該当する。例えばＡ氏が法人Ｂの議決権を50%超保有し、法人Ｂが法人Ｃの議決権を25%超保有する場合、Ａ氏は法人Ｃの実質的支配者に該当する。

◎なぜ実質的支配者の確認が必要なのか

実質的支配者は法人悪用によるマネーローンダリングを防止することを目的として確認される。金融機関などの特定事業者は、犯収法により、法人の顧客と一定の取引を行う際に当該法人の実質的支配者の確認を行わなければならないと定められている。

実質的支配者の確認は顧客からの自己申告や会社設立時の定款認証に基づく認証証明書により検証していたが、FATFが2021年8月に公表した報告書において検証方法が不十分であると指摘されている。

◎実質的支配者リスト制度

FATFの指摘を受けて法人設立後の断続的な実質的支配者の把握についての取組みとして、2022年に実質的支配者リスト制度が創設された。

株式会社は、実質的支配者リストを作成し法務局に申し出ることで、登記官の認証文付きの写しの交付を受けることができる。作成したリストは法務局にて保管される。

実質的支配者を開示することは、法人の透明性や信頼性を確保し企業価値の向上につながるとされるため積極的な実質的支配者の開示が求められている。

高リスク顧客

◎高リスク顧客とは

金融機関がマネーローンダリングや、テロ資金供給、詐欺などのリスクが高いと判断した顧客のことを指す。

高リスク顧客と判断した顧客との取引の際には、資産・収入の状況や取引の目的など、追加的な情報の提示を顧客に求めるなどのリスクベースの対応を実施することとしている。また、取引後の資金の流れを定期的に監視し、不審な取引があった場合にはそれを報告するなどの対策が求められている。

◎高リスク顧客の判断

高リスク顧客の判断基準は各金融機関により異なるが、一般的には以下のような要素が考慮される。

1．PEPs（Politically Exposed Persons）に該当するかどうか
2．特定の業種に従事する顧客かどうか
3．特定の国籍や居住地を持つ顧客かどうか
4．顧客の取引パターンや行動

高リスク顧客の判断は取引開始時など単一的な場面ではなく、顧客の個人情報の棚卸しや、取引のモニタリングなどによるリスク評価の定期的な見直しが必要である。

関連用語≫
PEPs…重要な公務を担当する人物、また、その身内及びPEPsが実質的支配者である法人。

強化モニタリング対象国・地域

予防対策

◎強化モニタリング対象国・地域とは？

強化モニタリング対象国・地域とは、FATF（Financial Action Task Force：金融活動作業部会）により指定される、AML（Anti-Money Laundering：マネーロンダリング防止対策）／CFT（Combating the Financing of Terrorism：テロ資金供与対策）体制において、改善に向けて対処しているものの欠陥がある国・地域のリストのこと。

本リストに指定されることは、AML／CFT体制の欠陥を、合意された期限内に速やかに解決することを約束するとともに、FATFの監視強化の対象になることを意味する。

◎強化モニタリング対象国・地域に指定される要件

まず、FATFが定める国際基準により多国間で相互審査を行った結果、不合格となった国が監視対象国として指定される。その後、1年間の経過観察の後、対策状況が改善していないとFATFに判断された場合に強化モニタリング対象国・地域に指定される。

なお、顕著な進展を見せず、AML／CFT体制に重大な欠陥を有しているとFATFに判断された国は、ハイリスク国、あるいはブラックリストと呼ばれる。FATFからハイリスク国に指定された場合、FATFから指示を受けた各国金融機関が、当該国の金融機関に対し、AML／CFTに関する説明や体制整備を求めるなど審査を厳格化する。その結果、当該国の金融機関との取引の遅延や、取引自体を回避する動きに至る可能性がある。

ペーパーカンパニー

◎ペーパーカンパニーとは？

ペーパーカンパニーとは、法人として登記されているものの、実際には事業活動の実態がない会社のこと。ペーパーカンパニーというのは、あくまでも通称としての呼び方で、法律などで明確に定義されているわけではない。

◎ペーパーカンパニー設立の目的

ペーパーカンパニー設立の代表的な３つの目的を以下に挙げる。

①　節税・脱税

日本では、法人の所得により税金の軽減措置が利用可能であるため、複数の会社に利益を分散させることで税率を小さくすることができる。そのため、ペーパーカンパニーを実業があるかのように偽装している場合があるが、これは「節税」ではなく「脱税」となる。

タックスヘイブンを活用して租税回避

②　租税回避

租税回避とは、課税されるべき取引について税法で規制されていない方法を選択し、通常では行われない・あるいは取引が成立しないような取引を、課税対象になる取引を減らすためだけに行われる行為のことであり、法の抜け穴を利用したグレーゾーンな行為である。

具体的には、タックスヘイブン（日本に比べて法人税が低い、またはゼロの国や地域）に子会社としてペーパーカンパニーを設立し、税優遇を利用して法人税を免れることなどが挙げられる（図表）。

なお、タックスヘイブン対策税制の改正により、実体のない海外子会社を利用しての租税回避や給与、配当の受取りなどをする行為に対しては規制が厳しくなっている。

③　その他犯罪行為

詐欺などの犯罪行為により取得した資金源をペーパーカンパニーに移動することでマネーローンダリングを行う、ペーパーカンパニーの売上を粉飾決済し、給付金を受給する、などの目的に利用されることがある。

なお、ペーパーカンパニーの存在自体が違法ではなく、何らかの偽装を行った場合に違法となる。

◎ペーパーカンパニーを見分ける方法

ペーパーカンパニーを見分ける方法の一例として、以下が考えられる。

①　インターネットの検索で、社名、代表者、住所、連絡先などの情報が公開されているかチェックする。

②　商業法人登記簿を確認し、不自然な登記（取締役の退任などが長年されていない、社名変更が頻繁など）が行われていないか、事業目的などをチェックする。

③　信用調査会社に売上額など照会する。

フィッシング（Phishing）／スミッシング（SMiShing）

金融犯罪の類型

◎フィッシング／スミッシングとは

フィッシング（Phishing）とは、実在する組織を騙り、ID、パスワード、暗証番号、クレジットカード番号、氏名、住所等を詐取すること。

正規のサイトに偽装した情報詐取用のWebサイト（フィッシングサイト）のURL等を、メールにより送り付ける手口（フィッシングメール）が多いが、メールではなくSMS（ショートメッセージサービス：電話番号を宛先として短いメッセージを送受信できるサービス）で送り付けたり、情報詐取用のWebサイトにアクセスさせる代わりにスマートフォン等に不正なアプリをインストールさせたりといった手口もある。

特に、SMSを悪用したフィッシングはスミッシング（SMiShing）と呼ばれ、メールよりも偽装を見抜きにくいという特徴がある。

◎フィッシングの影響

クレジットカード番号や暗証番号等の詐取は、不正な決済の直接の原因となり得る。また、氏名や住所等の詐取は、不正な名簿売却等に繋がり、なりすましや特殊詐欺等の各種犯罪等に用いられることもある。

◎フィッシングの対策

近年ではフィッシングサイトやフィッシング用の偽アプリが、正規のサイトやアプリに酷似した見た目・表現で作られていることも少なくないため、利用者が見分けることは困難である場合が多い。このため、事業者側で対策を講じることが重要である。一方、自社のWebサイト等を脆弱でない状態にしたとしても、そのWebサイトを模倣したフィッシングサイトの作成自体は防げない等、自社内の対策だけでは限界があることから、フィッシングの対策においては利用者への注意喚起等、社外に向けた対策も含めることとなる。さらに、フィッシングは前述のとおり、メール、SMS、アプリ等、様々な経路で利用者に到達するため、多岐にわたる対策が必要となる。

　このような事情から、フィッシングの対策は複雑なものとならざるを得ないが、フィッシング対策協議会が公開する「フィッシング対策ガイドライン」が、対策をまとめとなっていると共に、図示も含めた詳細な解説も含まれており、大いに参考になる。同ガイドラインでは、特に重要な対策は以下の５点とされている（表記は本書にて一部修正・追記）。

・利用者に送信するメールには、利用者が正規メールとフィッシングメールを区別できるよう、「なりすましメール対策」を施すこと。
・Web サイト等では多要素認証を要求すること。
・メールや Web サイトに用いる（….co.jp 等の）ドメイン名は、自社にとって重要なブランドと認識して適切に管理するとともに、利用者に自社の正しいドメイン名を周知すること。
・Web サイトの全てのページにサーバー証明書を導入すること。
・フィッシングについて利用者に注意喚起すること。

詳細については同ガイドラインを参照のこと。

スキミング（Skimming）

◎スキミングとは

スキミング（Skimming）とは、クレジットカード、キャッシュカード、等が持つ情報を不正に読み取り、その情報を複製して偽造カードを作成すること。

◎スキミングの手口

主なスキミングの手口としては、クレジットカード、キャッシュカード、デビットカード等が持つ磁気ストライプを狙ったものと、交通系 IC カードや電子マネーカード等が持つ非接触型 IC チップを狙ったものがある。情報を不正に読み取るために「スキマー」と呼ばれる装置が用いられる。

・磁気ストライプを狙ったもの

店舗のレジ等に設置された決済用端末（カードを読み取るもの）や、ATM 等において、カードの読み取り部分にスキマーを仕込む。スキマーは、端末と一体であるかのような色・形状でカードの挿入口を覆う等、スキマーが仕込まれていることが非常に分かりづらいよう偽装されていることもあるため、利用者が店員等にカードを渡すような状況に限らず、本人がカードを端末・ATM 等に挿入するような状況においても、被害が生じるおそれがある。このため、リスク低減のためには利用者による注意のみに頼らず、決済用端末や ATM の設置場所の管理者等による警戒・点検も必要である。

不正に読み取られた情報は、スキマー本体に蓄積され、後にスキマーごと回収される場合も、スキマーから無線で送信される場合もある。

非接触型 IC チップに対するスキマーの例：

出所：警察庁「平成17年警察白書」

・非接触型ＩＣチップを狙ったもの

磁気ストライプを狙ったスキミングと異なり、スキマーをカードに接触させる必要がないため、例えば満員電車や混雑したエレベーター等において、カードを挟んだ財布を入れたポケットにスキマーを近づけられるだけで、非接触型 IC チップの情報が読み取られるおそれがある。スキマーには煙草の箱程度の大きさに収まるものがあるため、不審な読み取り行為があったとしても気づきにくい。対策としては、非接触型 IC チップからの読み取りを防止するための、カードケース型やカード型のスキミング防止グッズがある。

ダークウェブ (Dark Web)

◎ダークウェブとは

ダークウェブ（Dark Web）とは、匿名性の確保や追跡回避のための技術を用いた専用ソフトでなければアクセスできないWebサイトの総称。

Webサイトは、誰でも検索・閲覧できる、公開状態の「サーフェス（表面）ウェブ」、ログイン等が必要で、非公開状態の「ディープ（深層）ウェブ」に大別される。ダークウェブはこのディープウェブの一部である。

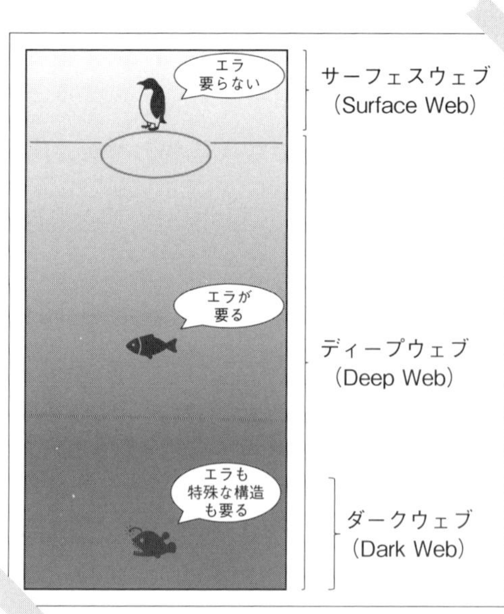

◎ダークウェブの使われ方（犯罪）

ダークウェブは、犯罪組織等の間の取引に用いられることがある。取引対象は、盗み出された認証情報、個人情報、機密情報、金品等の他、不正アクセス等に用いられるツールやマルウェア等、多岐にわたる。

◎ダークウェブの正当な利用

ダークウェブは、民衆が抑圧的な政府の検閲や監視を逃れ、プライバシーや安全を確保しつつ検閲対象の情報のやり取り等を行うためにも利用される。また、犯罪に対抗するため、犯罪組織等の活動の把握・分析にも利用されることもある。

例えば、ジャーナリストや活動家は、政府の監視を避けるためにこの匿名性を利用している。彼らは抑圧的な政策に対する議論を行ったり、重要な情報を共有したりするためにダークウェブを使用することがある。

また、プライバシーを重視する一般ユーザーも、オンラインでの自己表現やコミュニケーションの場としてダークウェブを選ぶことがある。セキュリティ研究者や法執行機関は、犯罪の防止と犯罪者の追跡のためにダークウェブを監視している。これにより、犯罪組織の動向を理解し、違法な取引を阻止するための重要な情報を収集することが可能となる。

このようにダークウェブは、その構造がもたらす秘匿性によって、様々な目的で使用されており、その存在は複雑な影響をもたらしている。

◎ダークウェブの将来的展望と技術革新

ダークウェブの将来は、技術革新と法的・倫理的な議論の進展によって形成されると考えられる。暗号技術の進化は、一層の匿名性とセキュリティをユーザーに提供しながら、同時に犯罪行為の隠れ蓑ともなり得る。そのため、テクノロジーの発展は、個人のプライバシーを保護するという正当な用途と、サイバー犯罪との間でのバランスを取る必要がある。

オンラインカジノ

◎オンラインカジノとは

オンラインカジノとは、スマートフォンやパソコン等を通じて賭博ができるサービスのこと。日本では賭博は刑法で禁止されているため、オンラインカジノで賭けに参加すれば犯罪となる。一方、海外の事業者が当該国の法律に基づいて合法的にオンラインカジノを営むこと自体は日本の法律が及ばない上、「海外のカジノは合法であるため日本からの賭けへの参加も問題ない」といった誤情報が広告等で広められていることから、犯罪であることを認識できずに賭けに参加してしまうケースもある。

◎オンラインカジノの問題

オンラインカジノは、掛け金の入金口座と収益金の出金口座を別のものにできる等、マネーローンダリングに利用されやすい特徴がある。入金口座、出金口座共に複数の口座を指定できる場合は資金の追跡が難しい。また、オンラインカジノの事業者が顧客の賭け金を借名口座に振り込ませる等、資金の追跡をさらに難しくする手口も見受けられる。

また、オンラインカジノには短時間で非常に高額な賭けができるものが多く、勝った際の収益も高額となることから射幸性が強い。その上、スマートフォン等からいつでもどこでも参加できてしまうため、資金の過度な浪費や、ギャンブル依存症を引き起こしやすい。

闇バイト

◎闇バイト

SNS やインターネット掲示板、求人サイト等で、簡単に短時間で高収入が得られることを謳い、犯罪に加担する者をあたかもアルバイトのごとく募集すること。ひとたび応募してしまうと、犯罪組織に「家に押し掛ける」「家族に危害を加える」等と脅され、逮捕されるまでやめられないケースも多い。

◎闇バイトの特徴

以下の特徴に該当する場合は闇バイトであることが疑われる。

・一般的なアルバイトの相場から著しく外れた、高収入等の好条件。
・具体的な仕事の内容が不明。
・匿名性の高いアプリケーション（telegram 等）での連絡が求められる。

◎闇バイトによる犯罪

闇バイトによる犯罪には様々なものがあるが、例えば次のようなものがある。

・銀行口座の売買：マネーローンダリング用の口座として使われることがある。
・特殊詐欺の受け子（騙し取る相手から現金等を受け取る役割）
・特殊詐欺や闇金等の出し子（ATM から現金を引き出す役割）
・強盗・窃盗等の実行犯
・違法薬物等の運び屋

継続的顧客管理

◎ 継続的顧客管理とは？

CDD（Customer Due Diligence：顧客デューデリジェンス）は、取引開始時のみならず、取引開始後においても継続的に実施することが求められており、後者を継続的顧客管理という。

具体的には、金融機関が顧客に対して質問票等を送付し、顧客情報や口座の利用目的等の変更の有無を定期的に確認し、常に最新の情報を維持するためのメンテナンスを実施することである。

◎ 継続的顧客管理が求められる背景

顧客情報は改姓や転居などにより変化する。そのため、取引開始時に厳格な本人確認を実施したとしても、金融機関に保存された顧客情報が将来的に不変とは限らない。

また、口座を開設すれば、当該口座は半永久的に存続するため、口座名義人本人が口座を利用していることを確認することは、AML（Anti-Money Laundering：マネーローンダリング防止対策）／CFT（Combating the Financing of Terrorism：テロ資金供与対策）の観点からも重要である。

◎ 金融機関が求められる継続的顧客管理

FATF（Financial Action Task Force：金融活動作業部会）による第４次対日相互審査報告書では、「これらの金融機関は、継続的顧客管理（中略）等の、最近導入・変更された義務について、十分な理解を有していない」と評価された。これを受けて、財務省による「マネロン・テロ資金供与・拡散金融対策に関する行動計画」では、「取引モニタリングの強化を図るとともに、期限を設定して、継続的顧客管理などリスクベースでのマネロン・テロ資金供与・拡散金融対策の強化を図る」という対応を2024年３月末までに完了させ、態勢を整備することが求められている。

◎継続的顧客管理に関して対応が求められる事項

金融庁が公表している「マネーローンダリング及びテロ資金供与対策に関するガイドライン」（2021年改訂版）によると、継続的顧客管理に関して以下の事項の対応が求められている。

イ．取引類型や顧客属性等に着目し、これらに係る自らのリスク評価や取引モニタリングの結果も踏まえながら、調査の対象及び頻度を含む継続的な顧客管理の方針を決定し、実施すること。

ロ．各顧客に実施されている調査の範囲・手法等が、当該顧客の取引実態や取引モニタリングの結果等に照らして適切か、継続的に検討すること。

ハ．調査の過程での照会や調査結果を適切に管理し、関係する役職員と共有すること。

ニ．各顧客のリスクが高まったと想定される具体的な事象が発生した場合等の機動的な顧客情報の確認に加え、定期的な確認に関しても、確認の頻度を顧客のリスクに応じて異にすること。

ホ．継続的な顧客管理により確認した顧客情報等を踏まえ、顧客リスク評価を見直し、リスクに応じたリスク低減措置を講ずること。特に、取引モニタリングにおいては、継続的な顧客管理を踏まえて見直した顧客リスク評価を適切に反映すること。

全顧客リスク評価

◎全顧客リスク評価とは？

「継続的顧客管理」（164頁参照）に記載のとおり、継続的顧客管理はリスクベース・アプローチにより実施する必要があり、そのために全顧客のリスク評価を実施することである。

◎リスクベース・アプローチが求められる理由

金融機関等においては、マネロン・テロ資金供与リスクを自ら適切に特定・評価し、これに見合った態勢の構築・整備等を優先順位付けしつつ機動的に行っていくため、リスクベース・アプローチによる実効的な対応が求められている。

国際的にみても、リスクベース・アプローチの実施は、FATF勧告において第1の勧告として勧告全体を貫く基本原則となっているなど、標準的なアプローチとなっている。

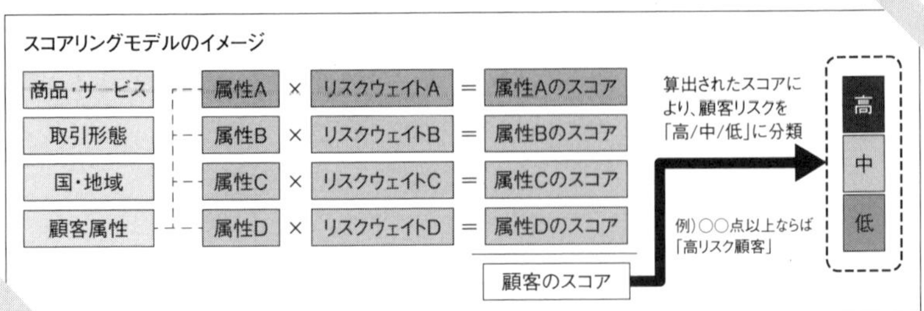

◎全顧客リスク評価の手法例

全顧客リスク評価は、手法が限定されている訳ではないが、一例として、多くの金融機関で用いられているスコアリングモデル方式を紹介する。これは、取引形態、国・地域といった属性情報ごとにリスクスコアを付与し、顧客のリスクを数値で表す方式であり、大手金融機関を中心に利用されている。

このスコアリングにより、金融機関はリスクの高い顧客を効率的に識別し、必要に応じて追加の情報を要求したり、取引の監視を強化したりすることができる。

◎リスク評価の方法論と今後の展望

リスクベース・アプローチは、個々の顧客のリスクプロファイルに基づいた柔軟な対応を可能にする。これにより、金融機関はリスクの高いエリアにリソースを集中させ、効率的なコンプライアンス管理を実現する。将来的には、AI やビッグデータ解析技術の進化により、より精密かつダイナミックなリスク評価が可能になると予想される。これらの技術を活用することで、リアルタイムでのリスク評価や、より個別化されたコンプライアンス対策が実現し、金融犯罪に対する防御がより強固なものとなるだろう。

関連用語≫

FATF…138頁参照
AML…136頁参照
CFT…137頁参照
継続的顧客管理…164頁参照

コルレス契約

◎コルレス契約とは？

外国為替取引のために金融機関が海外の金融機関と結ぶ、為替業務代行の契約のこと。契約の相手先を「コルレス先」と呼ぶ。コルレス契約では、手形の取立依頼、送金の支払委託、信用状の授受、決済勘定などの取決めを行う。

◎コルレス契約の必要性

国内為替取引であれば、異なる銀行間での取引の場合であっても、中央銀行（日本の場合、日本銀行）に存在する各行の当座預金の振替により、最終決済が行われることで取引が実現される（図表１参照）。

一方、外国為替取引の場合、日本銀行の役割を担う中央銀行のような組織が存在しないため、各行同士で個別に契約を締結し、清算方法（コルレス契約）を定める必要がある（図表２参照）。

図表１　国内為替取引

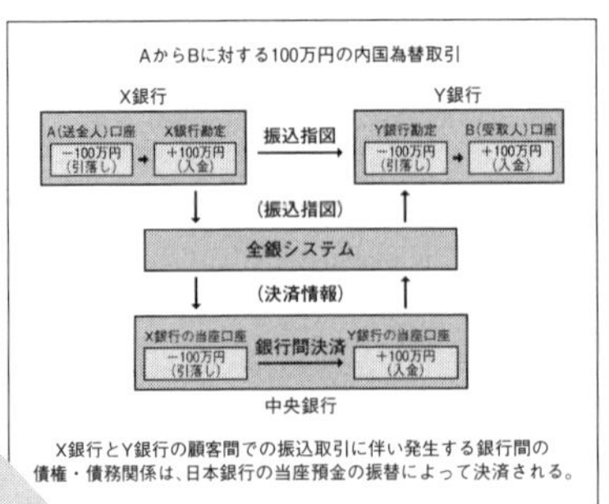

図表２　外国為替取引

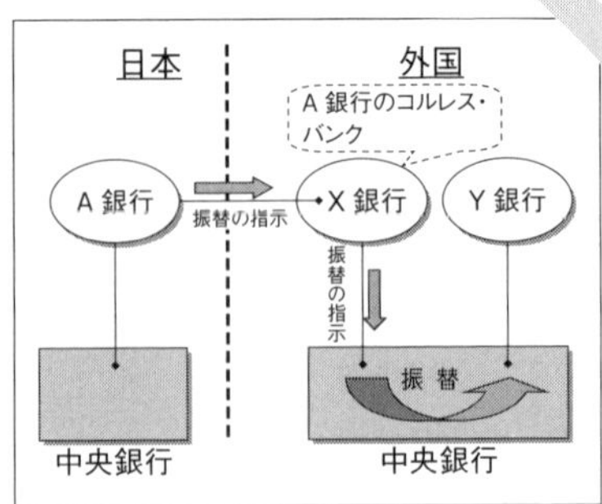

◎コルレス先と取引を行う際の態勢整備

金融機関は、犯罪収益移転防止法９条、11条及び同法施行規則28条、32条並びにマネロン・テロ資金供与対策ガイドラインに基づき、以下の態勢を整備することが求められる。従前は努力義務であったが、監督指針の改正により、態勢整備について義務化された。

イ．コルレス先の顧客基盤、業務内容、テロ資金供与やマネーローンダリングを防止するための体制整備の状況及び現地における監督当局の当該コルレス先に対する監督体制等について情報収集し、コルレス先を適正に評価した上で、統括管理者による承認を含め、コルレス契約の締結・継続を適切に審査・判断すること。

ロ．コルレス先とのテロ資金供与やマネーローンダリングの防止に関する責任分担について文書化する等して明確にすること。

ハ．コルレス先が営業実態のない架空銀行（いわゆるシェルバンク）でないこと、及びコルレス先がその保有する口座を架空銀行に利用させないことについて確認すること。

また、確認の結果、コルレス先が架空銀行であった場合またはコルレス先がその保有する口座を架空銀行に利用されることを許容していた場合、当該コルレス先との契約の締結・継続を遮断すること。

関連用語≫

FATF…138頁参照
AML…136頁参照
CFT…137頁参照

疑わしい取引の参考事例

◎疑わしい取引とは？

当該取引において収受した財産が犯罪による収益である疑いがあるかどうか、または顧客が当該取引に関し麻薬特例法等の罪に当たる犯罪行為を行っている疑いのある取引のこと。

1．現金の使用形態に着目した事例

・短期間のうちに頻繁に行われる取引で、現金または小切手による入出金の総額が多額である場合。

・多量の少額通貨（外貨を含む）により入金または両替を行う取引。

2．真の口座保有者を隠匿している可能性に着目した事例

・架空名義口座または借名口座であるとの疑いが生じた口座を使用した入出金。

・口座名義人である法人の実体がないとの疑いが生じた口座を使用した入出金。

3．口座の利用形態に着目した事例

・口座開設後、短期間で多額または頻繁な入出金が行われ、その後、解約または取引が休止した口座に係る取引。

4．債券等の売買の形態に着目した事例

・大量の債券等を持ち込み、現金受渡しを条件とする売却取引。

5．外国との取引に着目した事例

・短期間のうちに頻繁に行われる他国への送金で、送金総額が多額にわたる取引。

6．融資及びその返済に着目した事例

・延滞していた融資の返済を予定外に行う取引。

マネーローンダリング対策共同機構

◎マネーローンダリング対策共同機構とは？

AML／CFT 業務のシステムを業界で共同化し、効率的かつ実効的なマネーローンダリング対策を図ることを目的とした組織のこと。

◎設立の背景

2021年８月に公表されたFATF 第４次対日相互審査の結果により、金融機関において取引モニタリングや取引フィルタリングの高度化・効率化を図ることが我が国の金融機関の喫緊の課題となった。一方で、中小規模の金融機関等においてはこれら課題に対する単独で対応することが厳しい状況にあった。そこで全国銀行協会は、2020年度、NEDO（国立研究開発法人 新エネルギー・産業技術総合開発機構）から実証事業を受託し、AI 等の先端技術を活用した高度なシステムの共同化による効率的かつ実効的なマネーローンダリング対策の実現に必要な規制の精緻化の可能性、課題についての調査・整理を実施した。そして2023年１月に、後述するサービス等を提供する新会社を設立した。

提供されるサービスは図表のとおり。

提供サービス	提供内容
AI スコアリングサービス	銀行の取引モニタリング等システムから出力されるアラート等のリスク度合いのスコア付けを行う
業務高度化支援サービス	AML／CFT 業務に係るリーディングプラクティスや実務上の実践的な対応事例の整理・共有等を行う

取引モニタリング／フィルタリング／スクリーニング

顧客管理／取引管理

◎取引モニタリング／フィルタリングとは

金融庁「マネー・ローンダリング及びテロ資金供与対策に関するガイドライン」（2021年7月）において、「取引モニタリング」、「取引フィルタリング」は図表のとおり定義されている。

なお、「取引スクリーニング」と「取引フィルタリング」は、いずれも特定の条件に合致する取引（異常が疑わしい取引や、明らかな異常取引）を抽出する行為として、概ね同義で用いられる。

◎取引モニタリングとフィルタリングの運用課題

取引モニタリングとフィルタリングを効果的に運用するためには、機敏なシステムの設定が必要である。疑わしい取引パターンを正確に識別するためのアルゴリズムを開発し、これを継続的に更新していくことが求められる。また、システムによる誤検知を最小限に抑えるためには、

図表1　取引モニタリング／フィルタリングの定義

用語	定義
取引モニタリング	過去の取引パターン等と比較して異常取引の検知、調査、判断等を通じて疑わしい取引の届出を行いつつ、当該顧客のリスク評価に反映させることを通じてリスクを低減させる手法
取引フィルタリング（取引スクリーニング）	取引前や制裁対象者等リストが更新された場合等に、取引関係者や既存顧客等について制裁対象者等のリストとの照合を行うこと等を通じて、制裁対象者等による取引を未然に防止することで、リスクを低減させる手法

図表２ 取引モニタリング／フィルタリングの機能

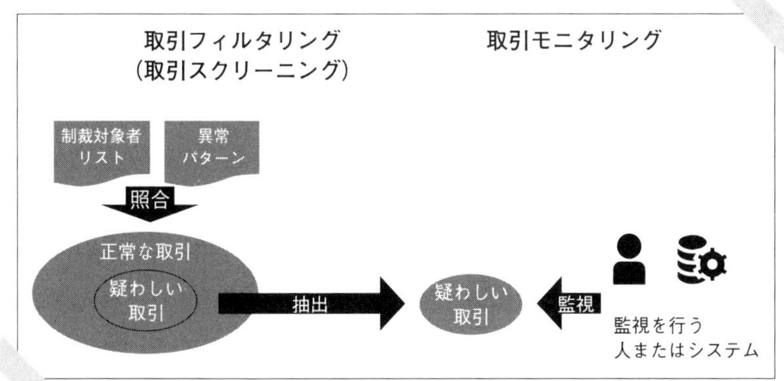

システムの精度と効率のバランスを取ることが重要である。また、誤検知による顧客サービスの中断を避けるために、フィルタリング基準の適切な設定が求められる。

◎未来の取引モニタリングとフィルタリング

取引モニタリングとフィルタリングの技術は進化し続けている。ブロックチェーン技術のような新しい技術が導入されることで、取引の透明性が向上し、疑わしい取引の追跡が容易になると期待されている。また、人工知能（AI）の進化により、より精度の高いモニタリングとフィルタリングが可能になるだろう。

金融業界では、これらのテクノロジーを積極的に取り入れることで、マネーローンダリングやテロ資金供与の防止に向けた取組みを強化している。先進的な取引モニタリングとフィルタリングの導入は、金融機関だけでなく、金融市場の健全性を保つためにも不可欠である。将来的には、こうしたシステムがさらに高度化し、金融犯罪の防止に大きく寄与することが期待されている。

異常取引検知システム

顧客管理／取引管理

◎異常取引検知システムとは

マネーローンダリング、テロ資金供与対策における「異常取引検知システム」とは、金融機関における顧客管理、疑わしい取引の検知や、制裁対象者との取引の検知等を実現するシステム（ソフトウェア）である。

◎一般的な機能

例えば、「多額の取引」、「頻繁な入出金」、「頻繁な送金」など、マネ

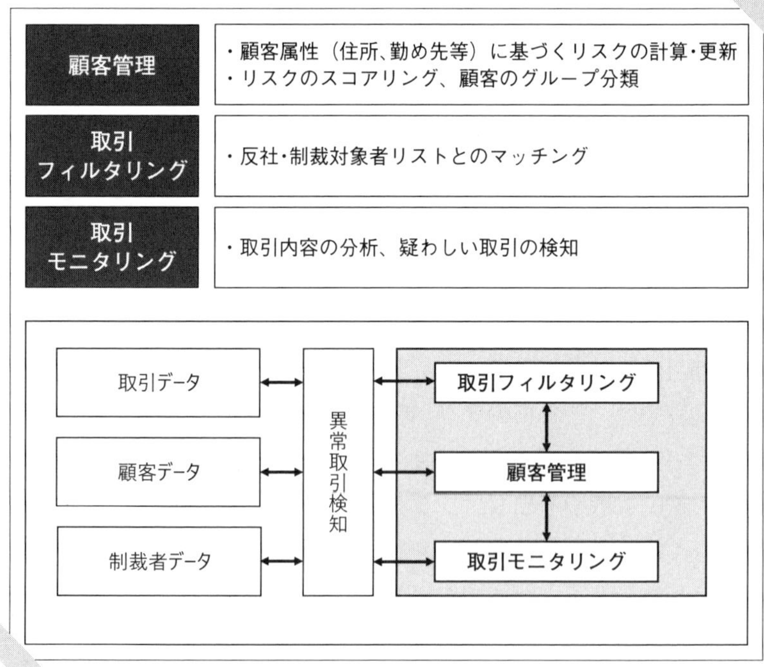

ーローンダリングの可能性が疑われる取引をシステムが検知し、金融機関の管理者にアラートを発報したり、定期的にレポートを行う機能が具備されている。

◎ 異常取引検知のアプローチとチャレンジ

異常取引検知システムのアプローチには、静的なルールベースの検知から動的な行動分析まで様々である。多くのシステムでは、顧客のプロファイルや取引パターンに基づいたルールを設定し、これに基づいて監視を行っている。しかし、巧妙な犯罪者はこれらのルールを逆手に取り、検知を避ける方法を常に模索している。

そのため、現代のシステムは静的なルールだけでなく、異常行動を検知するための自己学習アルゴリズムを取り入れる傾向にある。これらのアルゴリズムは、新たな詐欺手法やマネーローンダリングのパターンを迅速に学習し、システムの精度を向上させることができる。

◎ 今後の異常取引検知システムの展望

金融犯罪に対する国際的な規制は日々厳しさを増しており、異常取引検知システムの精度と効率の向上が急務となっている。これに応えるため、金融機関は、システムの継続的なアップデートと従業員の教育に力を入れる必要がある。また、プライバシーの保護とデータのセキュリティも重要な課題となっており、これらをバランスよく実現するための新たな技術開発が進められている。

将来的には、ブロックチェーン技術のような新しい技術を利用して、取引の透明性を高めるとともに、不正行為の追跡と防止に貢献することが期待されている。

3つの防衛線

◎「3つ防衛線」とは？

「3つの防衛線」とは、リスク管理を効果的・効率的に実現するための組織設計の考え方である。事業部門を「第1の防衛線」、管理部門を「第2の防衛線」、内部監査部門を「第3の防衛線」とし、それぞれに異なるリスク管理の役割を持たせる。内部統制のフレームワークとして世界的に採用されており、特に金融機関向けにはバーゼル銀行監督委員会や金融庁等の各種文書でも紹介しており、リスク管理のベストプラクティスとして認識されている。

◎それぞれの防衛線の具体的な役割

以下にそれぞれの防衛線の具体的な役割や例を示す。

- 第1の防衛線：事業部門や営業部門が該当。各現場の役職員が適切かつ自律的にリスクを管理することが求められる。日々な業務においてリスクを特定・評価したり、手順やルールの中にリスクを低減する方法を組み込んだり、必要に応じてリスク管理部門（第2の防衛線）に報告を行ったりすることで、効率的なリスク管理と健全なリスクカルチャーの醸成を目指すものである。
- 第2の防衛線：リスク管理やコンプライアンス管理を専門に行う部門が該当。事業部門（第1の防衛線）のリスクをモニタリングし、その状況に応じて牽制や支援を行う。また、各種のリスクを管理する枠組みを構築する。信用リスク管理部、市場リスク管理部、コンプライアンス管理部、金融犯罪対策部、システムリスク管理部、情報セキュリティ部など、リスクの種類ごとに組織を設けることが一般的である。
- 第3の防衛線：内部監査部門が該当。事業部門（第1の防衛線）、リ

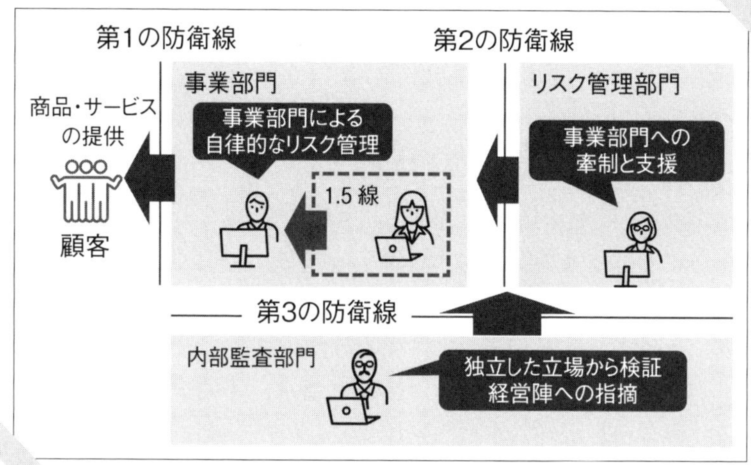

スク管理部門（第２の防衛線）双方から独立した立場で、会社全体のリスク管理態勢を検証する。その結果、不備があれば経営陣に対して指摘し、是正を求める。

◎先進的な金融機関に見られる「1.5線」

先進的なリスク管理を実施する金融機関においては、第１の防衛線の中に、やや独立した役割として1.5線の役割・組織を設けている。1.5線は１線よりもリスク管理に重点を置くことで実効性を持たせつつ、２線よりも現場に近いことから実務的な観点でリスクの早期把握・対策・サポートを行うことができる。特にサイバーセキュリティ、アンチマネーロンダリング、コンダクトリスクなど変化が早かったり、高度な専門性が求められたり、カバー範囲が広かったりするようなリスクに対しては、１線と２線の間を補完する1.5線アプローチの有効性は高いと考えられる。

サードパーティリスク

◎サードパーティリスク管理とは？

「サードパーティ（Third Party）」は日本語では「第三者」であり、ビジネス上必要な外部の取引先を指す。例として販売代理店、業務委託先、IT サービスベンダー、物品等のサプライヤーなどが挙げられる。金融機関にとってサードパーティは重要なビジネスパートナーであると同時に、リスク要因にもなり得る。特定のサードパーティが契約どおりにサービスを提供しなかったり、不正を行ったり、倒産したりすることで関連する事業や業務が影響を受け、損失を被るリスクを適切に管理することが求められる。重要な業務に関連する場合は、直接の取引先だけでなく、再委託先や再々委託先までリスク管理の対象に含める必要がある。

◎金融機関における代表的なサードパーティリスク

代表的なサードパーティリスクとして以下が挙げられる。中でも近年では情報セキュリティリスクや ESG リスクが注目される。

・信用リスク：サードパーティの倒産等により、金融機関が必要な商品・サービスの提供を受けられなくなるリスク。
・オペレーショナルリスク：サードパーティの不正・法令違反・事務ミス等により、損失が発生したり風評被害を受けたりするリスク。
・自然災害リスク：地震・水害・パンデミック等の自然災害により、サードパーティからサービスの提供を受けられなくなるリスク。
・情報セキュリティリスク：サードパーティがサイバー攻撃を受け、サービス停止や営業機密・個人情報の漏洩につながるリスク。
・ESG リスク：サードパーティによる環境への悪影響や人権侵害など、環境（E）・社会（S）・ガバナンス（G）に係る不適切な行いのリスク。

リスクベースドアプローチ

金融リスク管理

◎様々な業界・分野で採用されるリスクベースドアプローチ

一般的にリスクとは不確実性のことである。社会環境やビジネス環境の変化が早く不確実性を完全に排除することは困難な中、様々な活動を行うためのリソースは限られている。そこで、その活動に関連するリスクを評価し、最も重要なリスクに対して限られたリソースを優先的に割り当てることで、費用対効果を最大化する方法がリスクベースドアプローチである。金融だけでなく、医療や情報セキュリティなど様々な業界、またプロジェクト管理や品質管理全般でも採用されている。

◎金融業界におけるリスクベースドアプローチの特徴

金融には市場リスク（金融市場の変動によるリスク）、信用リスク（取引相手が債務を履行しないリスク）、オペレーショナルリスク（業務上のリスク）など特有のリスクが存在する。いずれも様々なデータや評価モデルを活用し、リスクの大小を把握し、対策等の意思決定が行われている。また、金融業界は高度に規制された業界でもあり、法規制やコンプライアンスの遵守が強く求められる。より重要な規制・ルールほど確実に遵守されるよう、コストをかけてモニタリングを行うといった形でリスクベースドアプローチが採用されることもある。

リソースの最適化の観点では、例えば複数の支店を有する銀行において年間を通じて検査や監査を行う場合、前年度の業績・事務事故・コンプライアンス違反などの実績データから支店ごとのリスクの大小を可視化し、よりリスクが高い支店から優先的に臨店することが有効である。このように検査部門や監査部門の限られた人員・時間を効率的に活用するためにリスクベースドアプローチが採用されることもある。

リスクアセスメント

◎金融機関が実施するリスクアセスメントとは？

一般的にリスクアセスメントとは、特定の活動、商品・サービス、取引先など様々な対象が有する潜在的なリスクを評価することである。特に金融機関にとっては、扱っている金融商品がリスクを収益の源泉としていることが多く、リスクアセスメントはビジネスの本質ともいえる。

例えば、融資におけるリスクアセスメントは、個人や企業といった借り手の信用リスクを評価するプロセスである。リスクアセスメントを実施することで、融資先ごとに適切な融資額と金利を設定することができ、債務不履行のリスクを最小化しつつ、資金提供を通じた金利収益を最大化することができる。

◎融資における信用リスクアセスメント

以下では融資における信用リスクを例にポイントを説明する。

・信用力の評価
融資を受ける個人や企業の過去・現在の融資履歴や返済履歴、クレジットスコア等の情報から、信用リスクを評価する。

・返済能力の評価
借り手の現在の財務状況、収入レベル、雇用履歴等の情報をベースに、返済能力を評価する。

・担保の評価
債務不履行が発生した場合に資産を差し押さえることで資金を回収するための手段として、借り手が提供する担保の価値を評価する。

・産業や市場の評価
借り手が事業を行っている産業や市場の発展性や変動性が、借り手の返済力に与える影響を評価する。

このように信用リスクだけでも、様々な観点から評価する必要がある。

また、上記の評価結果は時とともに変化していくため、継続的なモニタリングを行い、借り手の状況に変化が生じた際は再度リスクアセスメントを実施し、適切な処置を取る必要がある。

◎投資における市場リスクアセスメント

信用リスクに並ぶ金融機関にとっての主要なリスクとして市場リスクが挙げられる。投資対象の株式、債券、ファンド等の価格変動による不確実性を評価し、適切な投資戦略を構築するのが市場リスクアセスメントである。異なる資産クラス間の相関を考慮してリスクを分散し、ポートフォリオ全体の市場リスクを管理することが重要である。また、投資家のリスク許容度に応じて、積極的にリスクを取るのか、保守的に極力リスクを減らすのか、といった観点もリスクアセスメントの前提として考慮すべきである。

◎新たな観点でのリスクアセスメント

金融業界では新しいテクノロジーや新規制の導入等により、適宜新たな観点でのリスクアセスメントも追加的に実施していくことが求められる。例えば、近年重要性が増しているものとして以下が挙げられる。

・フィンテック企業や異業種との協業における顧客情報等の取り扱いに関するリスクアセスメント。

・サイバーセキュリティの観点で、外部委託先や再委託先などバリューチェーンに関わる企業のセキュリティリスクアセスメント。

・環境・社会・ガバナンス（ESG）の観点で、投融資先の社会的責任の把握。具体的には事業を通じた気候変動対策、CO_2 排出量の削減、グリーンウォッシングなどに関するリスクアセスメント。

リスクプロファイリング

金融リスク管理

◎金融におけるリスクプロファイリングとは？

プロファイリングとは、特定の人物における情報や行動から、その人物像や今後の行動を推測することである。これを金融機関の顧客である投資家のリスク許容度について行うのがリスクプロファイリングである。

ここで述べているリスク許容度とは、投資家がリターンを得るためにどの程度のリスクを受け入れることができるかを示すものであり、現在の財務状況・収入・将来の支払い・投資経験・金融知識・投資の目的などによって決まる。投資家は、自身のリスク許容度に合ったリスクレベルで資産運用をするべきであり、金融機関のアドバイザーは顧客のリスク許容度に基づいた助言をすることが求められる。

◎リスクプロファイリングの事例

以下では個人投資家のリスクプロファイリングの例を示す。

- 年齢：40歳
- 職業：上場企業の会社員
- 年収：1,000万円
- 家族構成：既婚・共働き・小学生の子供が１人
- 財務状況：500万円の預金あり
- 投資経験：10年以上、十分な金融知識あり
- 投資の目的：10年後の子供の大学教育資金の確保
- 資金の性質：余裕資金であり、失ってもすぐに生活に困ることはない
- リスク耐性：長期的にリターンを得るためなら、中～高程度のリスクは受け入れる

この顧客は長期的な投資目標を持っており、十分な投資経験と知識を有していることから、成長性のある株式投資を軸にある程度のリスクを取ることができる。一方で、投資の目的が子供の教育資金であることから、極端なリスクを取ることなく、堅実な資産形成を行っていくことが望ましい。したがって投資戦略としては、市場全体の長期的な成長ができる株式インデックスファンドを中心に、ポートフォリオの一部を低リスク・低リターンの債券ファンドなどに振り向けることが推奨される。

◎その他のリスクプロファイリングのパターン例

前述の事例とは異なるパターンとして、以下のような例もある。個々人の状況によって様々なリスクプロファイリングがありうる。

・リスク許容度の低い保守的な高齢者：老後の生活のベースとなる退職金の運用。債券や高配当ファンドなどによる低～中程度のリスクと安定的な収入を重視。

・リスク許容度の高い20代独身：余剰資金の投資であり、目的は旅行等の娯楽。元本割れのリスクも受け入れるため、世界株、新興国株、新興企業市場インデックス等により成長性を重視したポートフォリオを構築。

◎リスクプロファイリングにおける新たな視点

近年、リターンに対するリスク許容度という従来のリスクプロファイリングではカバーしきれない観点が出てきている。その１つとして「サステナビリティに関する選好」が挙げられる。例えば、環境負荷が高い事業を行っている会社は投資先に含めたくない、環境技術や社会インパクトを重視している企業には積極的に投資したいなど、ESG（環境・社会・ガバナンス）を軸にした投資家のリスクプロファイリングが重要になることが予想される。実際に欧州を先行事例として、サステナビリティに関する情報提供やアドバイスを規制に組み込む流れが進行している。

ストレステスト

◎金融におけるストレステストとは？

ストレステストとは、金融機関が異常な経済状況や市場変動等の「ストレスシナリオ」に対し、十分な耐性を有しているか評価するための方法である。金融当局や中央銀行が、金融システムの維持という観点から定期的に実施している。このような目的から、一般的にストレステストの対象は金融システム全体への影響が大きい銀行や保険会社である。ストレステストを実施することで、そのようなシナリオが実際に発生する前に脆弱性を把握し手を打つことができる。テストに不合格となった金融機関は監督当局と協議を重ね、結果から判明した課題やリスクへの対策が求められる。場合によっては資本増強を求められることもある。

ストレスシナリオには景気後退、金利の急上昇、株価の暴落などが用いられる。近年は気候変動が事業や財務に及ぼす影響を探る、気候変動ストレステストも実施されている。

◎金融機関が実施するストレステスト

前述のような金融当局が実施するストレステストとは別に、金融機関が自身のリスク管理やビジネス戦略の一環として独自にストレステストを実施することもある。金融機関全体の内部リスクを評価したり、資本配分の最適化を行ったり、リスク管理の観点で経営戦略を見直したりする上で有効である。また、流動性の枯渇や債務不履行など望ましくない出来事を想定し、それが発生するイベントを特定する「リバース・ストレステスト」という通常とは逆のアプローチもある。平時の事業環境を超えたシナリオの考察や未知のリスクの発見につながるとされている。

Part 4
サイバーセキュリティ

スパイウェア（Spyware）

サイバー犯罪の手口

◎スパイウェア

スパイウェア（Spyware）とは、マルウェアの一種で、感染したコンピューターの中にあるデータや、そのコンピューターの操作内容を盗聴（外部に送信）するもの。一般に、スパイウェアは警告・脅迫等を表示しないため、感染が気づかれにくい。

◎スパイウェアのもたらす被害

盗聴されたデータにより、例えば次のような被害が懸念される。

・顧客の個人情報⇒（本人の意図に反した）他社の営業活動に利用。
・自社の機密情報⇒競合他社の戦略に利用。
・ID とパスワード⇒自社システムの侵害に利用。

◎スパイウェアへの対策

基本的な対策はマルウェアへの対策と同様だが、ランサムウェアに関しては、不正なプログラムの感染や不審な外部送信に気づけることが特に重要となる。主な対策としては次のようなものがある。

・ファイアウォール等により、外部送信の宛先を許可したもののみに限定、外部送信に不審なものが含まれていないかを監視（宛先や通信量等から、不審であることがわかるサービスやベンダを活用）

マルウェア (Malicious Software)

◎マルウェアとは

マルウェア（Malware = Malicious Software）とは、悪意のある（Malcious）ソフトウェアの総称。システムやネットワークへの侵入、破壊、データの窃取や改竄、システムの悪用（他社への攻撃の踏み台に用いる等）、といった悪影響を及ぼす。代表的な例としては、コンピューターウイルス、スパイウェア、ランサムウェア等がある。

◎ウイルス（コンピューターウイルス）との関係

マルウェアのうち、自己複製機能を持つもののみをウイルスと呼ぶこともあるが、マルウェア全般を指す意図でウイルスと表現されることも珍しくない。

◎マルウェアの侵入経路

サイバー犯罪者がマルウェアをコンピューター等に侵入させる経路としては次のようなものがある。

- サイバー犯罪者が乗っ取ったWebサイトにアクセスしてしまった端末に、正規のソフトウェアを装ってダウンロードさせたり、強制的に感染したりする。
- サイバー犯罪者が電子メールの添付ファイルとして送り付ける。
- 脆弱な状態で公開しているシステムや、図らずも外部からアクセスできる状態になっているシステムに、サイバー犯罪者が不正にアクセスして仕込む。

◎マルウェアへの対策

マルウェアへの対策は、侵入の予防に加え、万が一侵入されてしまった場合でも検知・復旧等も含めることが望ましい。主な対策としては次のようなものがある。

・脆弱性への対策（195頁参照）。
・システムの挙動、構成、通信や、システムへのアクセス等に関わる、（システム障害等の監視に留まらない）マルウェア感染の検知を目的とした監視。
・システム（プログラムや設定のみならず、データも含む）のバックアップの取得と、取得したバックアップの保護。
・従業員に対する、不審なメールの添付ファイルを不用意に開いたりしないことや、不審なメールのリンクを不用意にクリックしたりしないことの注意喚起。
・利用しているソフトウェア、ハードウェアやサービスにおける、初期設定のままのパスワードや単純／推測しやすいパスワードの利用禁止。ならびに異なるシステム間（特に、社外のシステム）で同一のパスワードを使いまわすことの禁止。

関連用語≫
スパイウェア…個人情報や操作内容等を窃取するマルウェア。
ランサムウェア…身代金を要求するマルウェア。

ランサムウェア (Ransomware)

◎ランサムウェア

ランサムウェア（Ransomware）とはマルウェアの一種で、感染したコンピューターにあるデータを利用不能にし、そのデータを復元する対価として身代金を要求するもの。データを利用不能にするだけでなく窃取も行い、「対価を支払わなければデータを暴露する」と脅す等、多重に恐喝するものもある。

◎ランサムウェアへの対策

基本的な対策はマルウェアへの対策と同様だが、ランサムウェアに関しては、バックアップを安全に保護し、確実に復旧できることが特に重要となる。主な対策としては次のようなものがある。

・感染に気付かない状態で取得してしまったバックアップは、利用不能になってしまったデータをバックアップしてしまうことになるため、

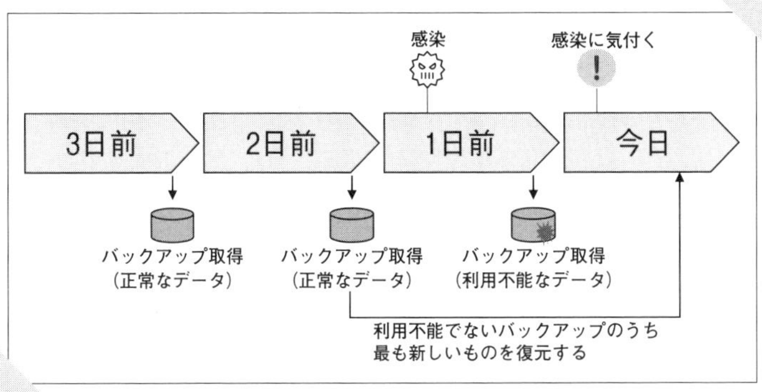

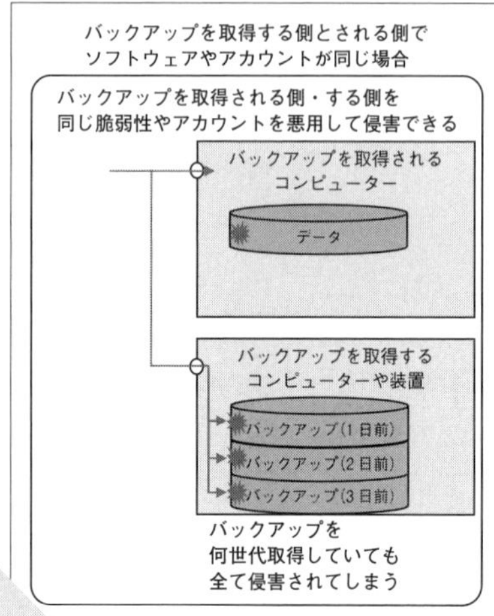

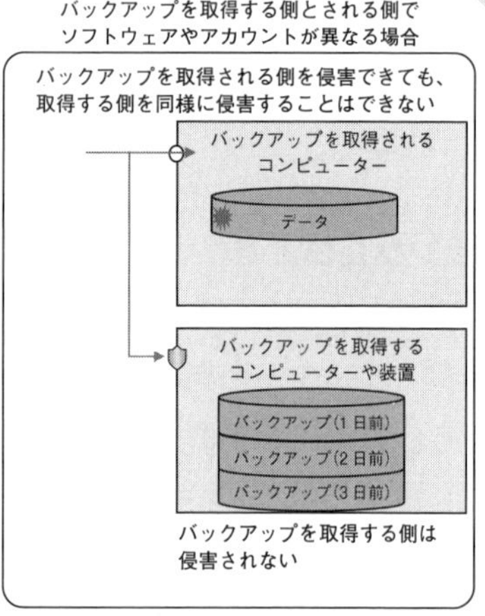

復元手順を実施したとしても、利用不能なデータが復元されてしまう。このため、感染に気付ける程度の期間を考慮して、（その期間を遡って復元できるよう）複数世代のバックアップを確保する。

・万が一、バックアップを取得される側のコンピューターが侵害されても、同じ手口でバックアップを取得する側のコンピューターや装置まで侵害されないよう設計する。

・例えば、バックアップされる側とバックアップする側で同じ脆弱性が生じることのないよう、ソフトウェアをそれぞれ別のものにしておいたり、バックアップされる側のアカウントが侵害された場合にそのアカウントでバックアップを取得する側も侵害できてしまわないよう、アカウントをそれぞれ別のものにしておいたりする等があげられる。

・システムの改修等において、バックアップを取得する仕組みや復元手順も併せて変更すべきケースがあるが、しばしばこれらの変更が漏れている場合がある。このため、バックアップが確実に復元できることを、平時のうちにテスト等で検証しておく。

DDoS（Distributed Denial of Service）攻撃

サイバー犯罪の手口

◎ DDoS攻撃とは

まず、「DoS（Denial of Service：サービス拒否）攻撃」という、1台の端末等から攻撃対象のサービスに大量の通信を送り付けることにより、サービスを妨害する（Denial of Service）攻撃がある。「DDoS（Distributed Denial of Service）攻撃」とは、この「DoS攻撃」の派生形で、多数の端末等、分散した（Distributed）攻撃元から大量のデータを送り付けるようになったものである。

◎ DDoS攻撃の特徴

・DoS攻撃では単一の攻撃元を遮断することで対処可能であったが、DDoS攻撃では攻撃元が多数となり、しばしば国内外に分散することもあるため、単純な遮断では対処しきれないこともある。

・DoS攻撃では単一の攻撃元の処理性能に限界があるため通信量にもある程度の制限がかかるが、DDoS攻撃は攻撃元を増やせるため通信量の制限がなく、DoS攻撃よりはるかに通信量の多い攻撃が可能。

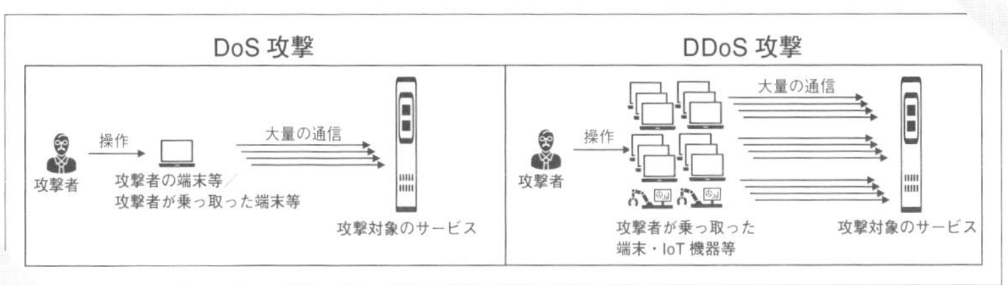

◎DDoS攻撃への対策

・一部の国・地域等からのアクセスを制限しても差し支えないサービスについては、当該国・地域のIPアドレスをブロックする。
・セキュリティベンダやクラウドサービスベンダ等が提供するDDoS対策サービスを利用する。

これらのサービスは、不正なトラフィックを検出し、正当なユーザーのアクセスを確保しつつ攻撃を緩和する役割を果たす。

◎DDoS攻撃対策の詳細

大規模なDDoS攻撃を防ぐためには、リアルタイムでのトラフィックの分析が欠かせない。これは、異常なトラフィックパターンを検出し、攻撃に利用されていると思われるIPアドレスを速やかにブロックすることによって、攻撃の影響を最小限に抑えられる。また、クラウドベースのサービスを利用することで、攻撃の分散と拡散が可能となり、単一の地点に対する攻撃の効果を減少させることができる。

さらに、地理的なアクセス制限やレートリミッティングといった技術的な措置を施すことも有効である。特定の国や地域からのアクセスが不要な場合、その地域からのすべてのトラフィックを遮断することができる。レートリミッティングでは、一定期間に受け入れるリクエストの数を制限することで、サービスへの過負荷を防ぐことが可能である。

DDoS攻撃の防御には、これらの技術的対策と同時に、組織のポリシーの見直しや従業員の教育も重要である。攻撃の兆候をいち早く発見し、迅速に適切な対応を取る体制を整えることが、企業をサイバー攻撃から守る鍵となる。

クラッキング（Cracking）／ハッキング（Hacking）

サイバー犯罪の手口

◎クラッキング／ハッキングとは

クラッキング（Cracking）とは、システム等に侵入し、データの盗聴や改ざん、破壊等を行うこと。

一方、ハッキング（Hacking）とは、本来は高度な知識や技術力で性能や使い勝手を改善したり不具合を直したりすることであるが、コンピューターに対して知識や技術力を悪用する事例が後を絶たず、「ハッキング」を「クラッキング」の同義語として用いる例も見られるようになった。

◎クラッキングの手口

クラッキングの主な手口としては以下のようなものがある。

・脆弱性の悪用：

ソフトウェア等に脆弱性があり、かつ、その脆弱性への対策が実施されていないコンピューターに対し、コマンドが実行できたりマルウェアを感染させたり、等々の不正操作が成り立ってしまう脆弱性を突いて、コンピューターを侵害すること。特に、脆弱性への対策がない（セキュリティパッチが提供されておらず、設定変更等により攻撃を回避する方法も判明していない）状態で脆弱性を突く攻撃は「ゼロデイ攻撃」と呼ばれ、攻撃を検知して遮断する等、対症療法的な対応が求められることもある。

・ソーシャルエンジニアリング：

高度な技術的手段を主として用いることなく、電話で情報を聞き出す、公共の場で不用意に話された情報を盗み聞きする、現地で直に（画面

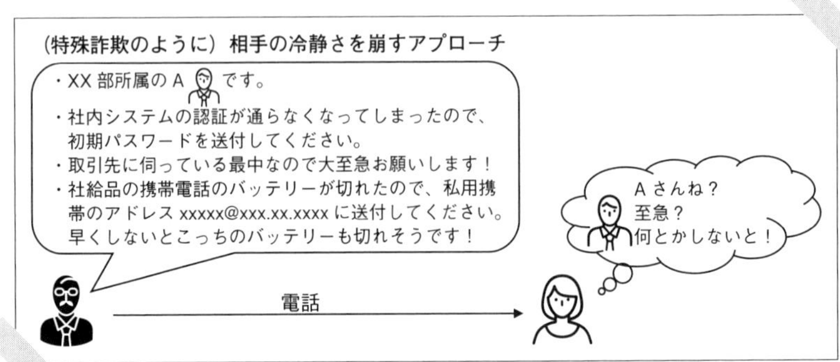

や印刷物等を）盗み見る、といったアナログな手段で、機密情報やID・パスワード等を入手すること。狙った人物と交流を重ねることにより信用を得た上で、マルウェア付きのメールを送り付けることによりマルウェアに感染させる、といったように、アナログな手段と技術的な手段とを組み合わせる場合もある。

◎ クラッキングへの対策

基本的な対策はマルウェアへの対策と同様だが、クラッキングに関しては、さらにソーシャルエンジニアリングへの対策も必要となる。主な対策としては次のようなものがある。

・システム管理者やアカウント管理者、社内向けのITヘルプデスクなど、アカウントの権限やパスワードを変更可能な従業員に対し、社内外からソーシャルエンジニアリングが行われ得ることについて注意喚起する。

関連用語≫
クロスサイトスクリプティング（200頁参照）
パスワードクラッキング（196頁参照）

脆弱性(セキュリティホール)

サイバー犯罪の手口

◎脆弱性とは

脆弱性（＝セキュリティホール）とは、ソフトウェア、ハードウェアやサービス（以下「製品等」）が、不具合や不適切な設定により、図らずも不正な操作が成り立ってしまう状態。

◎脆弱性の原因

製品等の製造・提供元が、考慮漏れ等により、不具合を作り込んでしまうことはある。品質管理を適切に行ったとしても、不具合に起因する脆弱性を完全になくせるとは限らない。また、製品等そのものには不具合はなくとも、利用側が誤って不適切な設定を行ってしまうこともある。

◎脆弱性への対策

- 製品等の調達先を、自社に対して脆弱性情報とセキュリティパッチを可及的速やかに提供可能な態勢がある製造・提供元に限定。
- 利用している製品等の把握と、それらの製造・提供元もしくは脆弱性情報を提供する機関（JPCERT／CC※等）からの脆弱性情報の収集、ならびに判明した脆弱性への対応（アップデートやセキュリティパッチ適用等）。
- 製品等の設定における、セキュリティに影響を及ぼす既定値や初期パスワード等の変更。
- 製品等により構成したシステムに対する脆弱性診断の実施。

※　JPCERT／CC：一般社団法人 JPCERT コーディネーションセンター。国内のセキュリティに関わる事件等について、報告の受付、対応支援、再発防止策の検討や助言等を行う機関。

パスワードクラッキング

サイバー犯罪の手口

◎パスワードクラッキングとは

パスワードクラッキングとはクラッキングの１種で、本来は本人しか知り得ないはずのパスワードを、分析・推定等により割り出したり、本人を騙して盗んだりすることにより、不正に入手すること。

◎パスワードクラッキングの手法と対策

パスワードクラッキングには様々な手法があるが、例えば次のようなものがある。各手法に応じ、対策も異なる。
なお、多要素認証は各攻撃手法への共通の対策として有効。

・ブルートフォース攻撃（総当たり攻撃）

手法：

パスワードとして入力可能な文字列を、ID ごとに全て試す。例えば、数字４桁であれば0000～9999（10種４桁＝組み合わせは10000通り）となる。

主な対策：

・パスワードとして指定可能な文字種を、数字だけでなく英字や記号も含める、英大文字小文字を区別する、等により文字列としての組み合わせ数を大きくする。

・パスワードの最短の文字数を短か過ぎない値にする（例えば８文字）。最長の文字数を、最短の文字数と同じではなく、最短の文字数を超える値とするとなおよい（例えば64文字）。

・ID ごとの認証失敗の頻度等に閾値を設け、閾値を超えた場合、当該 ID を一時的に利用不能にする。

・リバースブルートフォース攻撃

手法：

パスワードとしてありがちな文字列ごとに、多数の ID を試す。例えば、「passw0rd」というパスワードを、「user1」「butyo」「yu-za-」といった ID で試す。ID はパスワードよりは厳格に管理されないものであるため、ID は一覧等として不正に出回りやすい。

主な対策：

・パスワードとしてありがちな文字列（例えば、「password」のような辞書に載っている単語ならびに「passw0rd」「p@ss-word」といった派生文字列、ID と同じ文字列、「aaaaaaaa」「1234abcd」といった繰り返しや連続からなる文字列、等々）を、パスワードとして指定できないよう制限する。

・サービス全体での（ID 横断的に合算した）認証失敗の頻度等に閾値を設け、閾値を超えた場合、サービスの一時停止や攻撃元のアクセス遮断、認証成功した ID の不正利用調査等を行う。

・リスト型攻撃

・手法：

ある Web サービスで「ID とパスワードの組み合わせ」の一覧（リスト）が漏洩した場合、他の Web サービスでも同じ ID・パスワードを使いまわしている利用者がいることを想定して、その組み合わせを試す。

・主な対策：

・ID を利用者が指定する任意の文字列にせず、Web サービス側で指定する。

・パスワードを使いまわさないよう利用者に注意喚起する。

クラウドサービスに対する攻撃

◎クラウドサービスに対する攻撃とは

クラウドサービスに対する攻撃とは、クラウドサービス事業者の事業そのもの（サービス全体）、もしくはクラウドサービスの顧客（テナント）が同サービス上で利用する領域を狙って、サービスの停止や重要情報の不正入手等を試みること。

◎クラウドサービスに対する攻撃の対象

攻撃の対象は以下の３つに大別される。

① 当該クラウドサービスを提供する事業者の責任範囲

例えば、サービス全体での障害発生率がどの程度か、サービスを提供するバックアップ機能によるバックアップの保存期間はどのくらいか等、サービスの利用規約等において事業者が責任を負うことを認めたもの。

攻撃者は、事業者がクラウドサービス全体を管理するための強い権限のIDや、サービス全体を支える基盤部分の脆弱性等を狙って侵入等を試みる。

② 当該クラウドサービスにおける顧客の責任範囲

例えば、どのデータを公開するか、どこからのアクセスを受け付けるか等、顧客が当該クラウドサービスの管理画面等で（自己の責任において）設定するもの。

攻撃者は、顧客がサービスを利用するIDや顧客の設定漏れ等を狙って、露呈したデータの収集や不正侵入等を試みる。特に、サービスの初期設定のまま適切に変更されていない状態は狙われやすく、

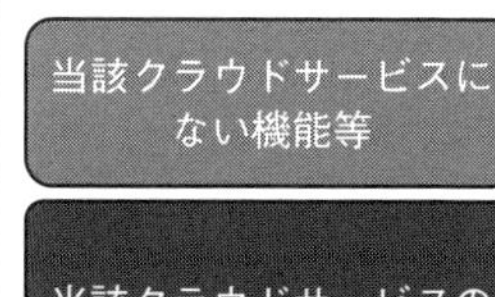

注意が必要である。

③　顧客にとっては当該クラウドサービスに関係するが、当該クラウドサービスの範疇外である、顧客の責任範囲

例えば、当該クラウドサービスを用いて顧客が消費者向けのWebサイトを構築・運用する際、顧客は侵入検知機能やDDoS対策機能等のセキュリティ機能が必要と考える一方、当該クラウドサービスではそれらの機能は提供していないため、顧客が別途調達し当該クラウドサービスと組み合わせなければならないもの。

攻撃者は、当該クラウドサービス上にある顧客の利用領域について、各種のセキュリティ機能の有無や程度を必ずしも予見できるものではないが、クラウドサービス上の様々な領域に攻撃を試行することにより、結果としてセキュリティ機能の弱い領域に対する攻撃が成功することになる。

◎クラウドサービスに対する攻撃への対策

上述の①～③について、責任範囲の誤認や考慮漏れ等により脆弱な箇所があると攻撃者に隙を突かれかねない。このため、攻撃への対策としてまずはサービスの機能を確認する。③については不足する機能を別途補うと共に、②について適切に管理する必要がある。さらに、①については信頼できる事業者の選定に努めることが望ましい。

クロスサイトスクリプティング (Cross-Site Scripting：XSS)

サイバー犯罪の手口

◎クロスサイトスクリプティングとは

クロスサイトスクリプティング（Cross-Site Scripting：XSS）とは、Webサイトにおいて利用者からの入力内容を画面出力に反映する機能（例えば、掲示板、SNS、動画サイト等において記事やコメントを投稿できる機能）に対し、不正なスクリプト（実行可能なプログラム言語）を埋め込むこと。利用者のブラウザにおいてこのスクリプトを実行させることを狙ったものである。このようなスクリプトの埋め込みができてしまう脆弱な状態をクロスサイトスクリプティング脆弱性という。またこの脆弱性を悪用する攻撃手法をクロスサイトスクリプティング攻撃という。クロスサイトスクリプティングによる悪影響としては、偽の情報が表示される、利用者の個人情報等が不正取得される、といったものがある。

◎クロスサイトスクリプティングの流れ

クロスサイトスクリプティングの主な流れは以下のとおり。

① 攻撃者がWebサイトの投稿機能等に対し、不正なスクリプトを書き込む。

② 利用者がそのWebサイトにアクセスする。

③ Webサイトは利用者に、不正なスクリプトを含む画面を表示する。

④ 利用者のブラウザにおいて不正なスクリプトが実行される。

⑤ スクリプトの内容により、例えば次のような事象が起きる。

・当該Webサイト上でデマ情報を表示する。

・利用者のブラウザに保存されている個人情報等が、攻撃者の影響下

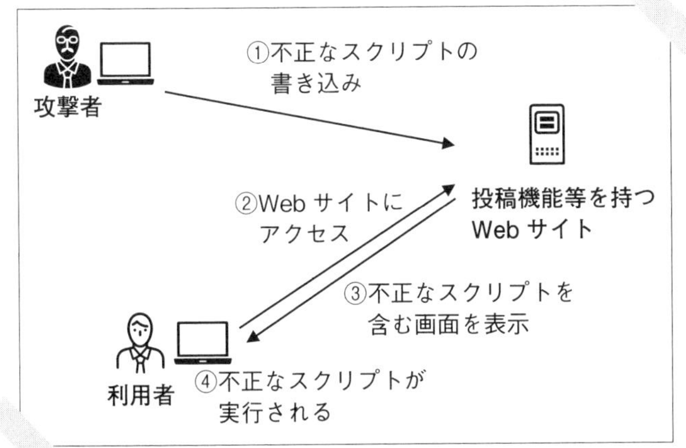

にあるサーバに不正に送信される。

・フィッシングサイトに強制的に遷移させられる（利用者がクレジットカード情報等の個人情報を入力してしまう）。

◎クロスサイトスクリプティングの対策

クロスサイトスクリプティングは、攻撃者の入力内容が実行可能なプログラムとなってしまうことにより成立する。このため、Web サイトにおいて入力を受け付ける際には、

・画面表示に影響を及ぼす特殊な文字（「&」「<」「>」等）を他の文字に置き換える（エスケープ処理という）。

・特定の文字コードによる入力でエスケープ処理を迂回できないよう、文字コードを指定しておく。

等々の一連の対策※を実施することが必要となる。

また、Web サイトの脆弱性診断による、クロスサイトスクリプティング脆弱性がないことの確認も有用である。

※　https://www.ipa.go.jp/security/vuln/websecurity/cross-site-scripting.html にて詳細が解説されている。

セキュリティポリシー

サイバー犯罪対策

◎セキュリティポリシーとは

セキュリティポリシー（情報セキュリティポリシーとも呼ばれる）とは、セキュリティを適切に確保・維持するために規定する方針や行動指針で、単一もしくは複数の文書から成る規程類のこと。どのような情報をどのような脅威からどのように守るのか、といった基本的な考え方や、基本方針、管理体制、対策基準等を具体的に記載することが一般的である。自社の業態や規模、取り扱う情報の重要性、システム構成等に見合ったものでなければならないため、企業・組織ごとに内容は大きく異なる。

◎セキュリティポリシーの構成

セキュリティポリシーは一般に、基本方針、対策基準、実施手順の３階層で構成される。一般的なそれぞれの内容は以下のとおり。

・基本方針（ポリシー）：セキュリティの必要性、重要な情報の保護にあたっての考え方、情報の取扱い方針等を示す。企業・組織の代表者等による宣言として策定されることが多い。

・対策基準（スタンダード）：セキュリティ対策の指針として、おおよそどのような対策を行うかを示す。

・実施手順（プロシジャ）：対策基準のそれぞれの内容ごとに、対象者や用途等に応じ、具体的な実施事項やその手順、規則等を示す。

なお、紛らわしいことに、「基本方針、対策基準、実施手順」からなる「セキュリティポリシー」を指して『ポリシー』と呼ぶことも、その一要素である「基本方針」のみを『ポリシー』と呼ぶこともある。

このため、『ポリシー』という用語については、文脈上「セキュリテ

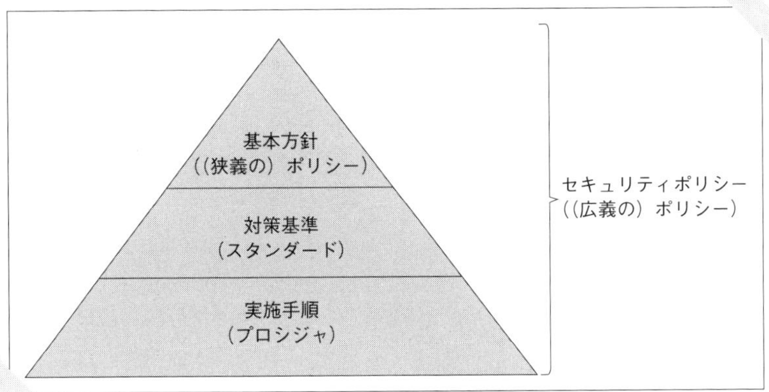

ィポリシー」全体を指すのか、「基本方針」のみを指すのかを、その都度解釈することが望ましい。例えば、セキュリティに関わる『ポリシー』の公開について検討する局面等においては、「基本方針」やその一部を指す場合が多い。

◎ セキュリティポリシーの見直し

セキュリティリスクは日々変化するものであるため、ひとたび策定したセキュリティポリシーはその変化に対応させるため、適時に見直す必要がある。

見直し時に踏まえる変化の例

- 従業員の不正による情報漏洩に対し、世間がより強く反発するようになった。
- SNS を使った詐欺的手法による情報詐取が頻繁に行われるようになった。
- 従業員からセキュリティ管理上の手続きにおいて無駄な工程があるとの指摘が寄せられた。

オペレーショナル・レジリエンス

◎背景

昨今、金融機関が顧客に提供するサービスの基盤となるシステムは複雑化しており、従来的なシステム障害やサイバー攻撃だけでなく、自然災害、パンデミック、地政学問題（政治的、軍事的な問題）など、予測の難しいリスクへの対応が求められる。

このような背景から、金融庁は2023年４月に「オペレーショナル・レジリエンス確保に向けた基本的な考え方」を公表し、金融機関に対して、オペレーショナル・レジリエンス（以下、オペレジ）、つまり「リスク事象が発生した際も、顧客や社会にとって重要な業務を継続するための能力」を確保するよう求めている。

オペレジとは、システム障害、サイバー攻撃、自然災害等が発生しても、重要な業務を、最低限維持すべき水準において、提供し続ける能力のことである。これは言い換えると、想定外の事象が生じた場合に、業務中断が生じることを前提に、利用者目線で早期復旧・影響範囲の軽減を確保する枠組みを整備することである。

◎諸外国の動向

2021年３月にバーゼル銀行監督委員会が国際原則策定したが、これと前後して、各国においても本原則を踏まえたオペレジ関連の規制や指針などが各金融当局から示されている。

各国の取組みの中でも、EU では、EU 域内に拠点を置く金融機関及び金融機関にサービスを提供する ICT サービスプロバイダを対象とする「デジタルオペレーショナルレジリエンス法（DORA）」が2025年

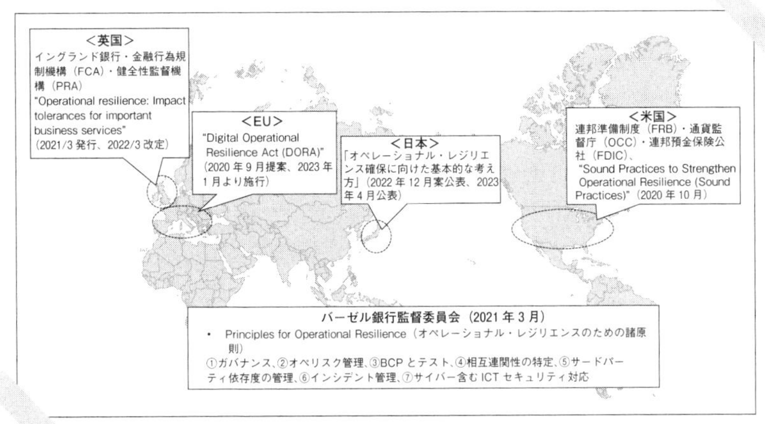

1 月より適用開始予定となっている。本法では、金融機関に対して主にICT リスク管理や ICT サードパーティのリスク管理等を義務付けている。

EU においては金融機関のオペレジ対応を法律として義務付けているため、EU の金融機関はオペレジ対応が重要な経営課題となっている。

◎日本の金融機関に求められる対応

日本では、金融庁が「基本的な考え方」を公表しているものの、具体的な対策については各金融機関にて検討する必要がある。記載した EU の DORA の他、2023年から日本で段階的に施行される「経済安全保障推進法」において、政府から公表されたリスク管理措置の具体例なども参考に、オペレジ対応に関する検討を早期に各社で進めておくことが有効なアプローチになるだろう。

ISO/IEC27001

◎ISO/IEC27001とは

ISO/IEC27001とは、情報セキュリティを適切に維持管理する仕組み（Information Security Management System：ISMS）のための要求事項を定めた国際規格。組織がこの要求事項に適合していることを第三者が審査したものがISO/IEC27001認証（ISMS認証）である。また、ISO/IEC27001は日本産業規格（JIS）により翻訳され、JIS Q 27001となっている。

ISO/IEC27001認証を維持するためには、認証取得後３年ごとに再認証審査（更新審査）が必要となる。

ISO/IEC27001は適宜改訂が行われ、それに合わせてJIS Q 27001も改訂されている。どの版かを明示するため、改訂時期を名称に含め「ISO/IEC27001：2013」「JIS Q 27001：2014（ISO/IEC27001：2013)」のように表記されることもある。

◎ISO/IEC27001とISO/IEC27002の関係

ISO/IEC27001では要求事項を実現するために必要な「管理策」が記載されているが（ISO/IEC 27001：2022では93項目）、その具体的な内容までは含まれていない。このため、管理策の実践のために参考にするものとして、実施の手引きや関連情報を補うISO/IEC27002がある。

脆弱性診断・ペネトレーションテスト

サイバー犯罪対策

◎脆弱性診断とは

脆弱性診断とは、システム等に対し、脆弱性を網羅的に洗い出すことを目的に、調査によりセキュリティを評価することである。情報セキュリティの各種規格・基準類と照らして評価を実施するため、サーバの侵害要因とはならないもののセキュリティ上望ましくない点についても評価する。

◎ペネトレーションテストとは

ペネトレーションテストとは、テスト対象の企業／組織において、「サイバー攻撃に対して自組織のセキュリティ管理態勢が有効に機能するか」、「システムの脆弱性を悪用された場合にどの程度の被害に繋がる攻撃が成り立ってしまうか」等を評価することを目的に、様々な攻撃手法の組合せを試みることで、セキュリティがどの程度確保されているかを評価することである。攻撃者にとって狙い目となるセキュリティ上の問題点の有無を評価するため、侵害要因とならない点は評価に含まれない。

テスト対象には、システム、ネットワーク、機器等の機械的要素に限らず、それらを管理する従業員等、人的要素を含むこともある。また、攻撃手法には、技術的な手法だけでなく、ソーシャルエンジニアリング（従業員の誤認や組織のルール上の不備等を狙った攻撃）のようなアナログな手法を用いることもある。

なお、ペネトレーションテストの発展的な形態として、（攻撃手法・傾向、悪用される脆弱性といった）脅威に関わる公開情報等を活用した、脅威ベースのペネトレーションテスト（TLPT：Threat Led Pene-

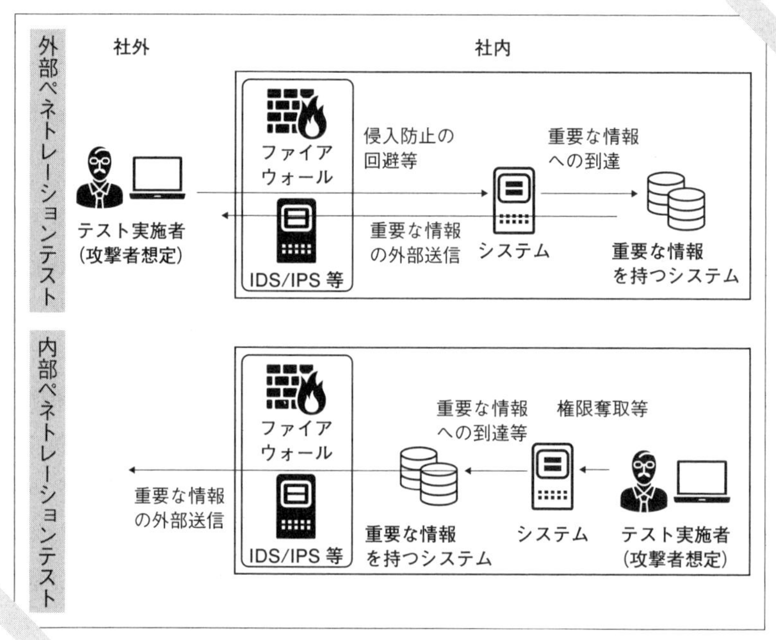

tration Test）もある。

◎外部ペネトレーションテストと内部ペネトレーションテスト

外部ペネトレーションテストは、主に社外のサイバー犯罪者からの攻撃等を脅威として想定し、Web サービス等の「外部からアクセス可能なもの」からの侵入を防げるか、等をテストすることである。

内部ペネトレーションテストは、図らずも外部からの侵入を許してしまったサイバー攻撃や、従業員による内部不正等を脅威として想定し、社内ネットワーク等の「外部から直接アクセスされないはずのもの」からの侵入がどこまで到達してしまうか、等をテストすることである。

両者とも、侵入を検知できるか、侵入により不正入手した情報を外部に送信できてしまうか等についてもテストに含める場合がある。

レッドチーム／ブルーチーム

◎レッドチーム／ブルーチームとは

レッドチーム／ブルーチームとも元々は軍事用語であるが、情報セキュリティの文脈では、主にペネトレーションテスト（脅威ベースのペネトレーションテスト（TLPT）を含む）等において、レッドチームは攻撃者側（サイバー犯罪者等）、ブルーチームは防衛側（自組織等）のことを指す用語として使われる。

レッドチームとは、実際のサイバー攻撃者と類似した狙い（特定の機密情報を入手する、システム停止により巨額の機会損失を与える等）や攻撃手法により、セキュリティの管理態勢が如何に被害の未然防止、被害規模の抑制、被害の復旧等のために適切に機能するかを評価するチームのこと。

ブルーチームとは、セキュリティの管理態勢などシステムの防衛を担うチームのことを指す。

◎その他のチーム

ペネトレーションテストにおいて、テストの計画や諸調整、評価等をレッド／ブルーそれぞれから独立した立場で行うチームを設ける場合がある。この独立したチームのことをホワイトチームと呼ぶ場合が多い。

また、ブルーチームの担うセキュリティ管理態勢においてレッドチームの知識や視点を活用するために、ブルーチームとレッドチームの協業を取り持つチームを作る場合もある。その際にこのチームはパープルチームと呼ばれる場合が多い。

データバックアップ

サイバー犯罪対策

◎データバックアップとは

データバックアップとはあるシステムのデータが、サイバー攻撃・故障・過失・天変地異等により読み出せなくなってしまった場合に、読み出せる状態のデータを復元するためにあらかじめ取得しておく、データの控えのことである。

またデータとは別にシステムのプログラムや設定等のバックアップも別途取得しておく必要がある。

◎データバックアップの情報漏洩対策

データバックアップにはバックアップ元のデータと同等の価値があるため、漏洩対策が必要である。

（1）　データバックアップを保存した記憶媒体（ハードディスク等）を暗号化する。

（2）　データバックアップを保存した記憶媒体、ならびにその記憶媒体を内包するシステムや装置に、物理的なアクセス制御・論理的なアクセス制御を共に実施する。

◎データバックアップの損壊対策

データバックアップがバックアップ元のデータと同時に損壊することを防ぐためには、損壊対策が必要である。

（3）　データバックアップの保管場所は、火災や天変地異等によりバックアップ元と同時に被災しない場所にする。

（4）　バックアップ元のアクセス制御が破られて侵害された場合、同じ方法でデータバックアップまで侵害されないよう、バックアップ元とデータバックアップのID／パスワードは異なるものを用いる。

（5）　バックアップ元が脆弱性を突かれて侵害された場合、同じ方法でデータバックアップまで侵害されないよう、バックアップ元とデータバックアップは共通の脆弱性を有し難いような異なる構成とする（例えば、同種のソフトウェアを用いない等）。

（6）　データバックアップがバックアップ元と同じ方法では侵害できない状態であっても、データバックアップが容易に侵害できてしまっては意味がない。そのため、データバックアップはインターネット等の外部からの侵入が到達しやすいネットワークから隔離する（オフライン（ネットワークに繋がっていない状態）での保管も可）。

◎データバックアップの汚染対策

データバックアップが、サイバー攻撃等により汚染されたデータをバックアップしたものであっては、データバックアップから復元しても正常な状態には戻らない。そのため、汚染対策が必要である（189頁参照）。

（7）　データバックアップは、直近のもの（例えば前日分）だけでなく、複数世代（例えば2日前と3日前の分も含める）も含めて保管しておく。

◎データバックアップの復元性の確認

データバックアップにより正常なデータを復元しようとしても、システム仕様変更に伴い従来の復元手順が通用しなくなっていたり、データバックアップを保存した記憶媒体の経年劣化等により使えなくなっていたりしては元も子もない。そのため、復元性の確認が必要である。

（8）　データバックアップから正常なデータが復元できることを定期的に確認する。

暗号化

◎暗号化とは

暗号化とは、あらかじめ指定した特定の方法であれば元の状態に戻せることを前提に、その他の方法では解読が困難となるようデータを変換することである。その変換に必要な情報のことを暗号鍵という。また、特定の方法で元に戻すことは復号といい、その方法において必要となる情報を復号鍵という。暗号鍵と復号鍵は同一である場合も異なる場合もある。

例えば、あるファイルに対し、復号用のパスワードを指定して暗号化すると、そのパスワードを知る者はファイルの内容をみることができるが、パスワードを知らない者はファイルの解読が困難である。この場合、パスワードと鍵を同義のものと見做すと、暗号鍵と復号鍵は同一である。

暗号化は解読が絶対に不可能となることを保証するものではなく、復号鍵を詐欺的手法やサイバー攻撃で盗み取られてしまったりすると解読されてしまう。

◎暗号化のポイント

データは、保存されている状態だけではなく、伝送されている状態も狙われることもある。

特に、伝送状態のデータを盗み見られるリスクの高い伝送経路（公衆回線等）においては、伝送前に暗号化しておくか、暗号化機能を持つ伝送手法を利用する等により、伝送経路上のデータも暗号化しておくことが望ましい。

セキュリティパッチ

◎ セキュリティパッチとは

セキュリティパッチとは、提供されているソフトウェア等に、脆弱性をもたらす不具合が判明したことを受け、その不具合を修正するために追加で提供されるプログラムのことである。対象となるソフトウェア等は、アプリケーションのみならず、（Windows や Linux 等の）OS や、（ハードウェアに組み込まれたプログラムである）ファームウェア等、様々なものが含まれる。

◎ セキュリティパッチの適用上の考慮点

セキュリティパッチは対象となる脆弱性そのものをなくすことができる場合が多いため、強力なセキュリティ対策である。一方、セキュリティパッチの適用においては、次のような点が問題となることもある。

・パッチに不具合があり、対象となる脆弱性は解消したとしても、これまで正常だった機能に異常が生じること（レグレッション：regression）がある。このため、正常な機能が維持されることを確認するレグレッションテストを行うことが望まれるが、テストには相応の労力や費用等が必要となる。

・一般に、パッチを適用する場合はそのソフトウェア等の稼働を停止する必要がある。その際の影響は、単一の機器に留まる場合もあるが、システム全体に影響する場合もある。

そのため、セキュリティパッチの適用については、対象となる脆弱性の緊急度合いとパッチ適用に伴う各種の負担や影響を踏まえた上で適切と考えられる時期・頻度を判断する必要がある。

IDS（侵入検知システム）／IPS（侵入遮断システム）

サイバー犯罪対策

◎IDSとは

IDS（侵入検知システム：Intrusion Detection System）とは、通信に不正な侵入（例えばOSの脆弱性を突く等）が疑われる内容が含まれることを検知するネットワークセキュリティ機器のことである。

◎IPSとは

IPS（侵入遮断システム：Intrusion Prevention System）とは、IDSの持つ検知機能に加え、検知した通信を遮断する機能を持つネットワークセキュリティ機器のことである。

◎IDSとIPSの使い分け

要件等により遮断が適さない場合もあるため、IDSとIPSのいずれを用いるかは、導入の都度、適切に判断する必要がある。

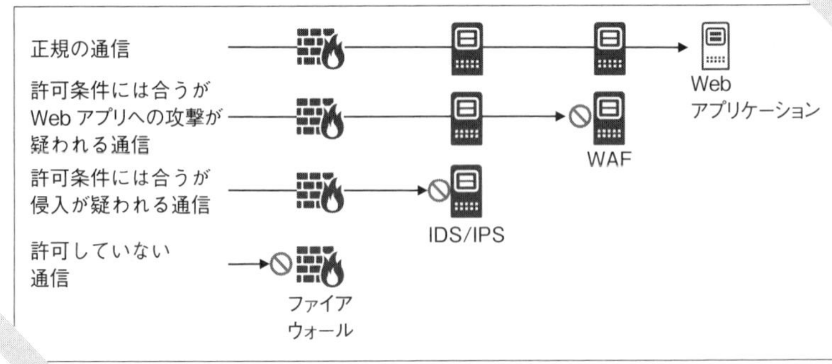

IDS や IPS を導入する際には、それぞれのシステムの特性を理解し、適切な設定が必要である。IDS はアラートを生成するため、過剰なアラートや誤検知を避けるために、細かいチューニングが求められる。誤検知が多いと、重要なアラートが見過ごされる可能性がある。

IPS は攻撃を自動的に遮断する機能を持つため、誤って正当な通信を遮断すると業務に重大な影響を及ぼす可能性があることに注意が必要である。信頼性の高いアラートに基づいてのみ遮断を行うよう、慎重な設定が求められる。

◎ネットワークセキュリティ機器の組み合わせ

ファイアウォール、IDS／IPS、WAF（Web アプリケーションファイアウォール）はそれぞれ得意とする防御が異なるため、組み合わせて用いるとよい。つまり IDS と IPS だけではすべてのセキュリティリスクに対応することはできない。例えば、ファイアウォールは不正なアクセスを防ぐ最前線の防御手段であり、特定のルールに基づいてトラフィックを許可または拒否する。WAF（Web アプリケーションファイアウォール）は、Web アプリケーション特有の攻撃、例えば SQL インジェクションやクロスサイトスクリプティングなどに対処することを目的としている。

これらのネットワークセキュリティ機器を組み合わせることで、異なる層での防御を実現し、セキュリティの堅牢性を高めることができる。多層防御戦略は、一点に依存するリスクを減らし、攻撃者による侵入をより困難にする。

最終的に、IDS と IPS はネットワークの安全を維持するための重要なツールであるが、それらをどのように運用するかが重要である。適切なポリシーの定義、継続的な管理とメンテナンス、そして従業員の教育が、有効なセキュリティ対策を実施する上で不可欠である。

VPN（仮想プライベートネットワーク）接続

サイバー犯罪対策

◎ VPN（仮想プライベートネットワーク）接続とは

VPN（Virtual Private Network：仮想プライベートネットワーク）接続とは、誰でもアクセスできるインターネット上に設置した仮想の専用線による接続のことである。

送信側、受信側それぞれに設置した機器の間で第三者に見えない仮想のトンネルを作ると共に、正規の利用者であることを確認するための認証や、万が一トンネルに侵入されてしまった場合でも伝送データが読み取られないようにするための暗号化も併せて行われる。

◎ VPN の主な種類と特徴

VPN の主な種類としてはインターネット回線を利用するインターネット VPN と、閉域網を利用する IP-VPN がある。

インターネット VPN の特徴

- 機器間の距離は費用に影響しない。
- 設置した機器の間で多対多の通信を行うことが可能。
- インターネット上の他の利用者の通信量の増加等に影響され、通信が遅くなることがある。

IP-VPN（専用線）の特徴

- 設置した機器の間の通信は一対一となる。多対多を実現するにはその組み合わせ分の本数の専用線が必要。
- 機器間の距離が長いと費用も増える。
- 自社専用の回線を確保できるため、他の回線における通信量の増加等に影響されない。

ファイアウォール（Firewall）・WAF（Web Application Firewall）

サイバー犯罪対策

◎ファイアウォールとは

ファイアウォール（Firewall）とは、許可された通信のみを通し、その他の通信は通さないネットワークセキュリティ機器のことである。許可する条件（発信元、送信先、通信の種類等）をあらかじめ設定しておくことが可能である。しかし、通信に脆弱性を突くことを試みる内容が含まれているかどうかまでは判定せず、許可した条件に一致する通信であれば通してしまう。

◎WAF（ウェブアプリケーションファイアウォール）とは

WAF（Web Application Firewall）とは、通信にWebアプリケーションの脆弱性を突く攻撃（例えばクロスサイトスクリプティング等）が疑われる内容が含まれているか否かを判定し、検知や遮断をするネットワークセキュリティ機器のことである。

しかし、WAFがファイアウォールを代替できるわけではなく、それぞれが得意とする防御機能は異なる。さらに、ファイアウォールとWAFのいずれとも異なる防御機能を有するIDS／IPSもあるため、Webアプリケーションを保護するためにはファイアウォールとIDS／IPSとWAFを併用することとなる。

二要素認証・二段階認証

サイバー犯罪対策

◎ 認証の３要素

「認証」は相手が誰かを確認することであるが、そのためには次の３要素のうち１つ以上を用いることとされている。

・知識情報：特定のパスワードや暗証番号等、本人だけが知り得るはずの知識を示す情報

・所持情報：特定の IC カードや携帯電話等、本人だけが持っているはずの物品を示す情報

・生体情報：指紋や静脈パターン等、本人固有の身体的特徴を示す情報

◎ 二要素認証とは

認証が用いられる様々な場面においては、例えばパスワードのみでログインができる、IC カードのみでゲートを通過できる、といったように、単一の要素のみで認証することは珍しくない。一方、パスワードを盗み見る、IC カードを盗み取る、といった犯罪的手法で認証を突破されてしまうことも珍しくない。

このような認証突破のリスクを抑えるため、認証の３要素のうち２つ以上を組み合わせることを多要素認証という。しかし、多要素認証の大半のケースでは３つではなく２つの組み合わせであることから、特に２つの組み合わせのケースのことを指して二要素認証と呼ぶ。

例えば、あるユーザー ID を認証する際に、所持情報と知識情報を組み合わせるとする。具体的には、そのユーザーのものとしてあらかじめ登録しておいた端末（PC やスマートフォン等）からのアクセスであることを確認した上で、パスワードが正しいことを確認する。この場合、仮に端末が盗まれただけ、もしくはパスワードが知られてしまっただけ

では認証を突破することができないため、所持情報もしくは知識情報いずれか一方のみによる認証に比べ、安全性が高い。多要素認証の導入や維持管理には単一要素認証よりも大きな負担がかかりがちではあるが、特に昨今、フィッシング等により知識情報を盗み取られる事案が少なからず発生していることに鑑みると、突破された場合に大きな被害が懸念される認証においては多要素認証の活用が強く望まれる。

◎二段階認証とは

二段階認証とは、例えば１段階目であるパスワードを要求し、２段階目で別のパスワードを要求する等、認証要素の種類としては単一に留まるが認証に用いる情報の内容としては２種類を用いる認証のことである。１段階目のパスワードが知られてしまっても２段階目までは知られていないことを期待したものであり、１段階のみの場合（一段階認証）に比べれば相対的なリスクは低い。ただし、１段階目と２段階目で異なるパスワードを要求することが必要である。

なお、フィッシング等により１段階目、２段階目のパスワードを共に盗み取られることもあるため、安全性は二要素認証のほうが高い。

◎認証の使い分け

一般に、認証の安全性は、一段階認証、二段階認証、二要素認証、の順に高まる。一方で、認証の導入や維持管理の負担も、同じ順に大きくなる。このため、認証が突破された場合の被害の重大性に応じ、一段階認証、二段階認証、二要素認証を使い分けることが望ましい。

アクセス制御

◎アクセス制御とは

アクセス制御とは、ユーザーがシステム、端末、ネットワーク、データなどにアクセスする際、その状況に応じてアクセスの可否や権限を制御することである。

広義には入退館や入退室等の管理のような物理的な制御と、ID の有効性やパスワードの正確性のチェックといった論理的な制御を含むが、文脈により論理的な制御のみを指すこともある。

◎アクセス制御の例

- 従業員 A はアクセスできるが従業員 B はアクセスできない［人］。
- 従業員 A、B 共にアクセスできるが従業員 A はデータの参照のみ、従業員 B はデータの参照と削除ができる［権限］。
- 従業員 A は異動前はアクセスできていたが異動後はアクセスできない［所属］。
- 従業員 A は社内からはアクセスできるが社外からはアクセスできない［場所］。
- 従業員 A は社給端末からはアクセスできるが私物端末からはアクセスできない［端末］。
- 従業員 A は上司の承認を得た日のみアクセスできる［日時］。

インシデント対応計画（インシデントレスポンスプラン）

サイバー犯罪対策

◎インシデント対応計画とは

インシデント対応計画（インシデントレスポンスプラン）とは、情報漏洩等のセキュリティインシデントやサイバー攻撃等の、発生疑いもしくは発生事実に対し、適切に対処、是正等を行うための計画のことである。サイバー攻撃に限定したものも、物理的な盗難・紛失や従業員の内部不正等によるセキュリティインシデントを対象に含めたものもある。

◎インシデント対応計画の主な内容

インシデント対応計画には主に次の内容が含まれる。

・自社等にとっての「インシデント」の定義と重要性
自社等のビジネスにとって保護すべきものや優先すべきことを、業務要件や法制度等の要求を念頭に踏まえた上で決定。

・インシデント対応に関わる責任所在や組織分掌
想定外の事象であっても意思決定が可能となるよう、責任や役割を決定。

・内外の関係者等の連絡先及び連絡手段、連絡の順序やタイミング
当局や業界団体、個人情報保護委員会、警察等の関係組織を含む。

・バックアップからの復旧シナリオ
単にバックアップデータの復元に留まらず、バックアップ対象外のデータの再入力等、復旧のために必要な諸作業を含む。

・インシデントを踏まえた対応態勢の改善プロセス
インシデントの対応記録を踏まえ、インシデント対応計画や体制等の見直し。

脱 PPAP

◎PPAP とは

PPAP とは、ファイルをメールで送信する際に、パスワード付き暗号化ファイルを送信し、別のメールでファイルを復号するパスワードを送信する、誤送信や通信盗聴等による漏洩リスクの低減に有効と考えられてきたセキュリティ対策手法のことである。以下の４つの頭文字の略語である。

P：パスワード（Password）付き暗号化ファイルをメールで送信し、
P：パスワード（Password）をメールで送信する、という
A：暗号化（Angoka）の
P：プロトコル（Protocol）＝通信規約

◎PPAP の問題点

PPAP は誤送信や通信盗聴等への対策として用いられるにもかかわらず、手間がかかる割には以下のようにリスク低減の効果は限定的である。

・１通目のメールを誤送信により受信した者は、２通目のパスワードを受信せずとも、総当たりでパスワードを試す等によりファイルを解読し得る。
・１通目のメールを盗聴した者は、同様に２通目のメールも盗聴することで、ファイルを解読し得る。

◎脱 PPAP とは

脱 PPAP とは、PPAP をやめて、他の送信方法に切り替えることである。脱 PPAP を謳う各種サービス（ファイル転送サービスやストレージサービス等）が切り替え候補となる。

Part 5
DX／ICT

Web3.0

◎Web3.0とは

Web3.0とは、「ブロックチェーン」という技術を用いた、次世代のインターネットとして提唱される新しい概念である。後述する「ブロックチェーン技術」を活用した自立分散型のネットワークで、中央管理者を必要としないこと、個人情報を参加者自身で管理可能であること等が特徴である（一方で、現状で厳密な用語・概念の定義は困難とされている）。

◎Web3.0を構成するブロックチェーン技術

「ブロックチェーン」とは、「取引等の履歴を過去から１本の鎖のようにつなげて記録する仕組み」である。「分散型」が特徴で、現在でもビットコインなどの暗号資産取引や、デジタル上の絵画や音楽の取引管理で利用されている。

概念	特長	閲覧	発信	所有
Web1.0	・情報発信はごく一部の有識者や事業者だけ（例：ホームページ、電子メール） ・情報の伝達は一方通行	○		
Web2.0	・誰でも情報を簡単に発信できる（例：SNS、動画共有サイト） ・大手IT企業が中央集権的にデータを所有（ECサイトに登録した個人情報）	○	○	
Web3.0	・データは非中央集権的に分散される ・自身のデータは、自分で所有ならびに管理できる（例：暗号資産、仮想空間）	○	○	○

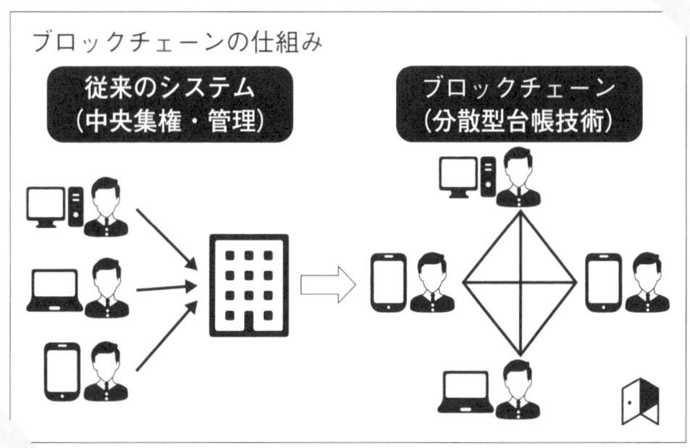

◎Web3.0とブロックチェーンの融合

Web3.0の時代では、インターネットの利用者が、情報の受け手から変革し、より積極的な役割を担うようになる。ブロックチェーン技術の分散性と透明性は、データの所有権を個人に戻し、中央集権型のプラットフォームに依存しないエコシステムの構築を可能にする。

Web3.0はまだ発展途上でありながらも、そのポテンシャルは計り知れない。ブロックチェーンは、データの自由な流通と価値の交換を促進し、真の意味でユーザーがコントロールするデジタル社会を築き上げることを目指している。このビジョンが実現すれば、私たちの日常生活、ビジネス、そして社会全体が根底から変わるかもしれない。

メタバース

◎メタバースとは

メタバースとは「超（meta）」と「宇宙（universe）」を組み合わせた造語であり、一般的にはインターネット上で提供される３次元の仮想空間やそのサービスのことを指す。仮想空間の中で、自分自身の分身であるアバターを介して自由に動き回り、他者と交流し、商品やサービスの売買など様々なことを体験することができる。

メタバースの概念が一般的な目に触れたのは2000年代中頃で、Linden Lab 社の Second Life などが一時話題となったが、定着はせず一過性のブームのみとなった。

再度注目されるようになったのは2021年頃で、Facebook が Meta Platforms に社名変更したことや、コロナ禍でオンライン需要が増えたことを契機に、メタバース市場に参入する企業が続々と増え始めた。

モバイル端末の発展や、コミュニケーションの場が現実世界からインターネット上で多く行われるようになっていることが、メタバースに注目を集める要因の１つとなっている。

◎メタバースのバリューチェーン

米 Beamable 社の CEO である Jon Radoff 氏はメタバースバリューチェーンの説明において、メタバースに求める体験から、それを可能にする技術や環境を提供する事業を７つのレイヤーに分類している。メタバースのプラットフォーマーとしてビジネスをする場合や、プラットフォーム上でサービスを展開するなどどこのレイヤーでビジネスを行うかによって求められるものが異なる（図表参照）。

1	Experience (体験)	ゲーム、ソーシャル、eスポーツ、シアター、買い物、ゲーム、社会的体験、ライブ音楽などを体験できる環境・サービス
2	Discovery (発見)	アドネットワーク、ソーシャルキュレーション等を通じて人々が体験を通じて発見すること
3	Creator Economy (クリエイター経済圏)	デザインツール・デジタル資産マーケットプレイス等、クリエイターがメタバースのためにモノを作り、マネタイズするためのあらゆるもの
4	Spatial Computing (空間創造)	３Ｄエンジン・XR（VR・AR・MR）・地理空間マップなど、物体と対話できるようにするソフトウェア。３Ｄエンジン、ジェスチャー認識、空間マッピングなど
5	Decentralize (非中央集権環境)	エッジコンピューティング・AI・マイクロサービス・ブロックチェーンなど、エコシステムの多くを分散環境に構築・移行し稼働
6	Human Interface (デバイス)	メタバースへのアクセスを助けるハードウェア。VRヘッドセットや高度なスマートグラスなどのデバイス
7	Infrastructure (インフラ、通信)	５Ｇ・６Ｇ・半導体・クラウドコンピューティング・通信ネットワークなど

◎メタバースの活用事例

メタバースはその特徴から、ゲームやコミュニケーション分野を中心に広がりを見せている。一方で、仮想空間上での旅行の疑似体験サービスや学校を仮想空間上に作成し、授業や講義を行うなど、他の分野でもメタバースの活用事例がでてきている。

金融分野では、銀行などが仮想空間への出店しアバターを介しての金融商品の説明や顧客とのコミュニケーションを行った等の活用事例がある。

ChatGPT

◎ ChatGPTとは

ChatGPT（Chat Generative Pre-trained Transformer）とは、文章（テキスト）で質問したことに対して、その意味や目的を理解し、適切な返答を生成してくれる対話型AIサービスのことである。2022年11月に人工知能を研究する民間団体である「OpenAI」により発表され、一般の人向けに無償で提供されているサイトもあり、誰でも自由に質問することができる。

◎ 生成AIと従来のAIの違い

近年注目を集めている、ChatGPTなどは生成AIと呼ばれるケースが多く見られる。生成AIの厳密な定義はないが、様々なコンテンツを生成する学習能力があるAIと捉えることができる。従来のAIと生成AIの違いは学習の視点や出力の目的などで整理ができる（図表参照）。

◎ OpenAIの開発モデルとGPTモデル

OpenAIでは様々なAIモデルや技術を開発されている。代表的なモデルをいくつか紹介する。

GPT：

最も有名なOpenAIのモデルの1つで、膨大なパラメータを持つ大規模な自然言語処理モデル。テキスト生成、文章補完、翻訳、質問応答など、様々な用途で使用が可能。ChatGPTはGPTモデルをベースとしたサービス。

DALL-E：

画像生成のためのモデルで、テキストの説明に基づいて新しい画像を

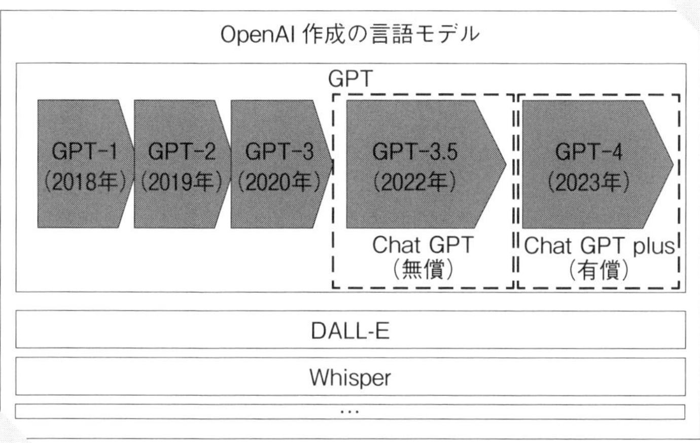

生成する。

Whisper：

自動音声認識のためのモデルで、音声データを自動的にテキストに変換することができる。また、一部の言語においては音声を英語テキストへの翻訳もサポートしている。

GPTはGPT(2018年)、GPT-2（2019年)、GPT-3（2020年)、GPT-3.5（2022年)、GPT-4（2023年）とバージョンアップされており、今後もアップデートが予定されている。無償版のChat-GPTではGPT-3.5がベースとなっており、有償版のChat-GPT plusではGPT-4をベースとして利用が可能である（図表参照)。

関連用語≫

OpenAI…2015年に設立された米 サンフランシスコに拠点を置く、AIの研究と開発を行う企業・研究所。強力なAIの開発だけでなく、倫理・安全性など様々な側面で活動を行っている。

UX

◎UXとは

UXとはUser EXperienceの略で、ユーザが製品やサービスを通じて得られる体験を意味する。UXとよく合わせて使われる言葉にUI（User Interface）という言葉がある。UIとはユーザと製品やサービスの「接点・接触面」を指す。一般的な使われ方の例として、Webサイトでいえばサイトの利用しやすさや理解しやすさ、マウスやキーボードなどのデバイスでは製品自体の使いやすさなどを指す。

UIとUXはお互いに影響しており、製品やサービスのUIの評判が良い、すなわちユーザにとって使いやすいとUXの評価も上がる。このようにUIとUXは関係性が濃いことから、UI／UXなどと表現されるケースが多く見られる。

◎CX

UXとは別にCX（Customer Experience）という表現も存在する。UXが製品やサービスを通じて得られる体験に対し、CXは2000年ごろから注目され始めたマーケティングや経営戦略のコンセプトで、製品やサービスの機能・性能・価格といった「合理的な価値」だけでなく、購入するまでの過程・使用する過程・購入後のフォローアップなどの過程における経験「感情的な価値」の訴求を重視するものである。

例えば、銀行のサービス提供において、従来では「いかに早く・大量に顧客対応をこなすことができるか」といった指標だったものを「1人ひとりの対応に時間をかけ、いかに顧客のロイヤリティを高められるか」といった指標にするなどがCXを向上させる例として挙げられる。

XR

◎XR とは

XR とは Cross Reality または Extended Reality の略称で、現実の物理空間と仮想空間を組み合わせる技術の総称である。VR（Virtual Reality）や AR（Augmented Reality）、MR（Mixed Reality）などが含まれる。

◎VR・AR・MR と金融業界でのユースケース

VR・AR・MR のそれぞれの特徴は図表のとおり。

XR の使い所としては、ゲームなどのエンターテイメント分野が中心となっている傾向がある。一方で、金融業界においても活用に向けての動きが存在する。例えば投資分野では、金融データをスマートグラス上に表示することで、これまでにない斬新な体験をトレーダーに提供している。

銀行分野でも、年賀状や名刺やポスターなどに AR 技術を活用し、スマホをかざすと、頭取がスマホの画面上に現れ、新年挨拶やメッセージを伝えるという活用事例が存在する。

◎XR の応用と未来展望

金融業界における XR の応用は、顧客サービスの向上にも寄与している。例えば、仮想支店を通じてのリモートバンキングサービスでは、VR を活用することで、顧客は自宅にいながらにして、リアルな銀行支店でのサービスを受けることが可能になる。また、AR を用いた資産管理ツールにより、顧客は自分の投資ポートフォリオを直感的に把握しやすくなるだろう。

	特徴	活用事例
VR	VRとは、現実には存在しない世界や、存在していても実際に体験することが難しい世界を仮想空間上に作り出し、あたかもその空間に自分がいるような感覚（没入感）を得られる技術である。ユーザーは、「VRヘッドセット」と呼ばれる小型のディスプレイが埋め込まれた箱型のヘッドセットやセンサーを利用することで360度の3次元仮想空間の中で思い通りの視点移動を可能にする。	Playstation VRなど
AR	ARは、目の前にある現実世界の環境に、コンピュータで作られた映像や画像を重ね合わせることで、現実世界を拡張する技術である。VRが“仮想世界”を重視するのに対し、ARは“現実世界”が主体であり、現実世界に仮想世界のエッセンスを加えることにより、ユーザーの現実世界での行動や認知を支援することに主眼が置かれている。	ポケモンGo、IKEAPlaceなど
MR	MRは、現実世界と仮想世界を融合する技術の総称であり、CGなどで作られた人工的な仮想世界に現実世界の情報を取り込み、CGと実物を合わせて確認したり、操作したりできる技術である。ARの一部とみなされることもある。	Microsoft HoloLensなど

さらに未来には、MRを利用したリアルタイムの金融相談が行われるようになり、銀行員は顧客と共有の仮想空間で対話しながら、より具体的でパーソナライズされた資産運用プラン等を提案できるようになることが予想される。このように、XR技術は金融業界における顧客体験の質を根本から変える可能性を秘めている。

量子コンピューター

◎量子コンピューターとは

量子力学の現象を情報処理技術に適用することで、従来型のコンピューターでは容易に解くことのできない複雑な計算を解くことができるコンピューターのことである。

従来型のコンピューターは演算単位にビットを採用しており、0または1の状態となる。一方で、量子コンピューターでは演算単位に量子ビットを採用している。量子ビットは通常のビットと異なり、0と1が重ね合わさった状態を取ることができる。そのため、従来のコンピューターでは複数回の演算が必要だったものを、1度の演算で答えを出すことができる。

◎金融領域における量子コンピューターの活用

量子コンピューターの金融領域への活用として、「シミュレーション」「最適化問題」「機械学習」の3つが挙げられている。

① シミュレーション：VaR（バリューアットリスク）の推計、市場ボラティリティを織り込んだリスク荷重資産（RWA）の推計といったものが挙げられる。

② 最適化問題：ポートフォリオの最適構成の決定や、構成銘柄の入れ替え、複数の売り・買い間での取引決済の最適マッチングなどが挙げられる。

③ 機械学習：市場予測、顧客のクレジットリスク判定、顧客セグメンテーションの高度化、不正検知、マネーローンダリング検知などが挙げられる。

5 G

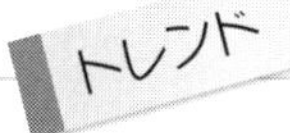

◎ 5 Gとは

5 Gとは、第5世代移動通信システム（5th Generation）」の略称で、国際電気通信連合（ITU）が定める規定「IMT-2020」を満たす無線通信システムである。第5世代とあるように、1～4世代目の通信システムが存在する（図表参照）。

◎ 5 Gの特徴

2015年9月、ITU において5 Gの主要な能力やコンセプトが策定された。5 Gの特徴は3つである。

① 超高速通信：下り最大20Gbps 程度、上り最大10Gbps 程度で4 Gの10倍以上の速度。
② 超低遅延通信：遅延は1ミリ秒程度で、4 Gの10分の1程度に短縮。
③ 多数同時接続：1km あたり100万台程度の端末が同時に接続可能。

	年代	特徴
1 G	1979年～	音声をアナログ変調方式で電波に載せて送信する。自動車電話サービスや肩掛け型の端末（ショルダーホン）で使用。
2 G	1993年～	アナログ方式に代わってデジタル方式が採用。音声通話の伝送の他にデータ通信サービスも開始。
3 G	2001年～	1 G、2 Gでは日本独自規格が採用されていたが、国際規格「IMT-2000」として複数の技術方式が標準化された。
4 G	2010年～	音声通信もパケット交換方式となり、モバイルネットワーク全体が IP 化。

デジタルヘルス

◎デジタルヘルスとは

デジタルヘルスとは、医療分野で AI（人工知能）や ICT（情報通信技術）を活用することである。

その実現にはデータライゼーション（医療のデータ化）と DX の推進が求められる。デジタル技術と医療データの活用で医療領域の変革が期待される。

◎求められる背景

デジタルヘルスが注目される背景には、医療費の増大と医療人材の不足がある。超高齢化社会の中で医療の高度化も影響し、将来の財政圧迫や国民の負担増が推測される。また、日本の医療現場で2024年から順次施行される「医師の働き方関連法」により、医師の時間外労働が制限される。そのため医師の働き方改革や医療領域の DX 推進が急務になっている。

◎期待される効果

デジタルヘルスの導入によって医療業務の効率化、医療従事者の負担軽減、医療費の軽減等の効果が期待される。加えて、医療従事者はより高度な専門性が求められる業務に集中でき、個々の患者に何ができるかを意識する余裕が生まれる。

◎デジタルヘルスで実現できること

デジタルヘルスの一般的な取組みには以下のようなものがある。

・AI 解析：医療データから感染症や早期のがんを検出する。

・ICT：新型コロナウイルスの感染者と濃厚接触した可能性を知らせる（新型コロナウイルス接触確認アプリ COCOA）。
・VR：手術室内で専門医の手技を録画し、体験型研修に活用する。
・ビッグデータ解析：人の生涯健康情報を分析して製薬開発に生かす。
・IoT：患者の健康状態を常時監視してよりよいヘルスケアを提供する。
・チャットボット：診察や予防接種の24時間いつでも受付可能にする。
・５G技術：大容量データの高速転送がより高度な遠隔医療を実現する。

◎デジタルヘルスの課題

デジタルヘルスの実現には個人情報の取扱いが不可欠となる。個人情報を利活用するには不信感が付きまとうので、デジタルヘルスを活用・導入する際の障壁になりやすい。そのため、個人情報を利用には丁寧な事前説明が重要になる。患者はどのような医療データを提供するのか、それによってどのような医療を享受できるのか、合意を得た上でデータ提供を受ける必要がある。

◎セキュリティ対策

医療データの取扱いや管理にあたっては、医療機関、医療機器、医療従事者等へのセキュリティ対応が継続的に求められる。ネットワークに接続された医療機関や医療機器はサーバーセキュリティの脅威に晒される。医療従事者の医療データ持ち出しや機密情報の紛失・盗難によるセキュリティ事故の可能性が懸念される。

医療現場においては、一般的に見て脆弱性の評価レベルが低いものでも、その脆弱性を突かれると患者の生命に関わるケースがある。外部者からの攻撃や内部者による事故の発生時には、影響の大きさも評価し、医療領域独自の特徴も踏まえた対策が求められる。

データサイエンティスト／データアナリスト

データ活用

◎データサイエンティスト／データアナリストとは

　データサイエンティストとは、機械学習等を用い、大量のデータを分析する職種のことである。分析前にデータを機械学習に適した形に加工することが業務に含まれることも少なくない。

　データアナリストとは、主に統計的手法を用い、大量のデータを分析する職種のことである。

　いずれも厳密な定義はなく、同一の職種を指すこともあるが、おおよそ上記の意味で用いられることが多い。

◎データサイエンティストの知識領域

　データサイエンティストに必要な知識領域は以下の３つに大別される。

・機械学習やデータ加工に用いる IT エンジニアリング
　プログラミング言語を利用する。

・統計・数学
　分析の前提となる。

・扱うデータの属するビジネスに関わる諸々の理解
　データの値や傾向等が、当該ビジネス上どのような意味を持つかを解釈する（例えば、値段の高さについて、高級感を示すポジティブなものと捉えるか、非効率さを示すネガティブなものと捉えるか、等)。

データスクレイピング

◎データスクレイピングとは

データスクレイピングとは、プログラムにより別のプログラムから出力されたデータを収集し、目的に応じて抽出・加工することである。

データスクレイピングの対象は、Web サイトの他、ドキュメントや Web ブラウザ以外のアプリケーションが表示する情報等、多岐にわたる。

データスクレイピングのうち、収集対象が Web サイトであるものを Web スクレイピングという。

◎データスクレイピングの用途

データスクレイピングの用途としては、例えば以下のようなものがある。

・特定のカテゴリの Web サイト群における、見出しの一覧の作成や日々の更新。
・複数のベンダのそれぞれの製品についての、価格と性能の一覧の作成。
・自社に関するソーシャルメディア上の言及についての、規模や傾向等のレポートの作成。
・社内の複数の事業部の売上や利益に関わるレポートについての、サマリーの作成や日々の更新。

データストリーミング

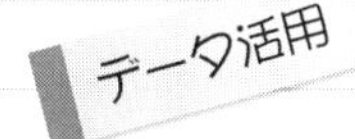

◎データストリーミングとは

データストリーミングとは、時々刻々に生成・更新される大量のデータを、リアルタイムで処理・分析することである。データの鮮度が高いうちにデータを収集すること、大量のデータを時間をかけずに分析・処理することが必要となる。また、データを大量に収集し続けることになるため、データがコンピューターの保存領域を圧迫し過ぎることのないよう、用を終えたデータを順次廃棄できるしくみも必要となる。

◎データストリーミングの用途

データストリーミングの用途としては、例えば以下のようなものがある。

・配車を効率的に行うため、各地の人流データをリアルタイムで収集・分析する。
・市場参加者の取引状況に応じて自社の取引を適時に行うため、取引データをリアルタイムで収集・分析する。
・サイバー攻撃に対して、兆候等の段階から迅速に対応するため、セキュリティに関わる各種のログをリアルタイムで収集・分析する。

データマイニング

◎データマイニングとは

データマイニングとは、大量のデータに対して機械学習や統計的手法を用いて分析することである。主に性質の探索と仮説の検証に大別される。

性質の探索はデータがどのように分類できるか、どのデータ項目とどのデータ項目の間にどのような関連性があるか、といったデータの未知の性質を見つけるものである。

仮説の検証はあらかじめ立てた仮説が、データに基づいて考えるとどの程度確からしいといえるか、を考察するものである。

◎データマイニングの用途

データマイニングの用途として、例えば次のようなものがある。

・小売業における同時購入の探索

米国のスーパーの売上データに対してデータの探索を行った結果、紙おむつを購入した男性は、同時にビールを購入することが多い」ことが判明した。一見無関係に見える商品であり、これまでは店頭で離れたところに配置されていたが、配置を近づけたところ同時購入が促進され売上が上昇した。

・医療における副作用の検証

ある異なる薬剤を併用することにより副作用を起こすリスクが高まることが疑われるケースにおいて、医薬品の副作用症例データベースに対して、その疑いを仮説として仮説の検証を行った結果、リスクの高まりが認められることを検証できた。

マシンラーニング(機械学習)・ディープラーニング(深層学習)

データ活用

◎マシンラーニングとは

マシンラーニング（機械学習）とは、データ分析技術の１つで、コンピューターに大量のデータを読み込ませ、データの持つルールやパターンを学習させることである。学習した結果は予測や分類等に用いる。

学習にあたっては、一般に、データのどのような特徴に着目すべきかを示す特徴量（例えば、画像に写っている動物が犬か猫かを分類するために、毛の色、耳の大きさ、鼻の形、等々の特徴を、それぞれどの程度重視するか）を人間が指定する作業が必要となる。

◎ディープラーニングとは

ディープラーニング（深層学習）とは、機械学習の１手法であり、データの特徴量を人間が指定する必要はなく、コンピューターが自ら特徴量を見出していく。

例えば自動車の運転や農作物の育成等、複雑な処理や動作においては、様々な局面においてどのような情報を重視すべきかを人が細かく指定することが現実的ではないため、このような分野においてディープラーニングの活用が進みつつある。

API

◎ API とは

API（Application Programming Interface）とは複数のアプリケーション間で機能・データを連携するための窓口のことである。例えば、自アプリケーションの機能や所有データを API で外部公開すれば、他アプリケーションが開発した機能・データと連携・共有できるようになる。

◎ API のメリット

複数アプリケーションが API で繋がり合うことで、相互に機能を拡充でき、利用者にもより便利な機能を提供できるようになる。既存アプリケーションが所有する機能を 1 から開発する手間がなくなり、ソフトウェア開発のコスト削減にもなる。

◎ API のリスク

API にはサービス提供側の事情で、API の連携仕様が変化する、システム障害で API 提供が停止する、サービス提供が終了する等のリスクがある。また、利用量に応じた従量課金制の API もあり、自アプリケーションの利用者増減が収益性に影響を及ぼすリスクもある。

◎ Web API

昨今主流になっている Web API は、HTTP・HTTPS 通信でやり取りする API のことである。開発者はプログラム言語に依存せず機能やデータを連携でき、利用者は Web ブラウザだけで利用できるメリットがある。

RPA

◎RPAとは

RPA（Robotic Process Automation）とは、人間のみが対応可能と想定されていた作業、より高度な作業を、ルールエンジン、AI、機械学習等を含む認知技術を活用して代行・代替する取り組みのことである。

◎RPAの仕組み

RPAはコンピューター上での日常的な手動作業を自動化できる。人間の操作手順を登録し、ユーザー・インターフェースを通じて操作手順を再生することで、複数のコンピューター上で同じ作業を再現できる。

RPAは設定されたプロセスを順番通りに実行する。そのため途中で何らかの判断を伴う、手順が毎回変わるといった作業には適さない。したがって、RPAが著しい効果をもたらすのは定型的で反復型の作業となる。

◎RPAの特徴

多くのRPAツールはプログラミングの素地がない人でも操作手順を直感的に登録できるよう配慮されている。自動化にかかる負担を下げ、既存業務を効率化でき、導入したその日から具体的な効果を確認できるのが、RPAの特徴と言える。

◎RPAが求められる背景

規制強化・人材難・長時間労働の是正等から、RPAを活用して単純作業にかかるコストを削減し、業務品質を担保する取組みが増えている。機械学習機能を備えたRPAの登場で業務適用範囲も拡大している。現場で導入しやすく、効果が即座に発揮されるのもRPAの魅力である。

クラウドコンピューティング

◎ クラウドコンピューティングとは

クラウドコンピューティングとは、インターネットなどのネットワーク経由でクラウドサービス事業者の提供するコンピューター機能（サーバー、ストレージ、ネットワーク、データベース、ソフトウェアなど）を利用する仕組みのことである。

利用者はインフラやソフトウェアを保有しなくても、必要な時に必要な分だけクラウド事業者の提供するサービスを利用できる。クラウドの利用形態はSaaS・PaaS・IaaSという種類に分類される。

◎ クラウドコンピューティングのメリット

利用者は利用したい期間だけ利用料を支払えば、最新バージョンのアプリケーション・サーバ・サービスを、必要な時にすぐに利用できる。環境構築や機材調達の初期投資も不要で、必要な期間だけ利用料を支払えばいい。クラウド環境はインターネットなどのネットワーク経由で利用できるため、様々な拠点や端末から同じサービスを継続利用できる。

種類	特徴	提供サービス例
SaaS (Software as a Service)	ソフトウェアを提供する	・CRM ・会計ソフト ・グループウェア
PaaS (Platform as a Service)	アプリケーション開発のためのプラットフォームを提供する	・開発環境 ・データベース
IaaS (Infrastructure as a Service)	システム構築のためのインフラを提供する	・仮想サーバー ・仮想ネットワーク

クラウドコンピューティングの概要図

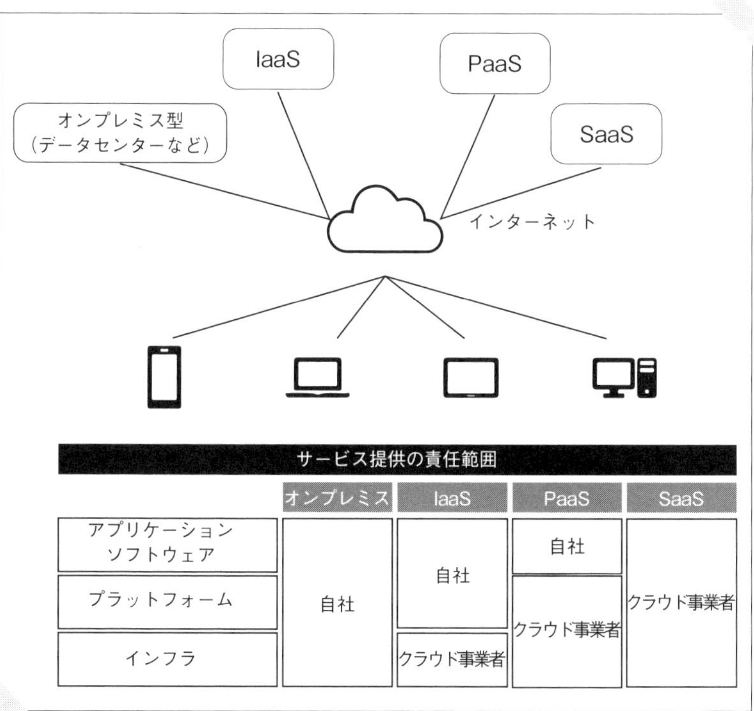

◎クラウドコンピューティングのデメリット

利用者はインターネットなどのネットワークを経由しないとクラウドサービスを利用することはできない。またクラウド事業者の意向で突然サービスが終了するリスクがある。

自身で初期投資して環境構築する場合に比べてカスタマイズ性も低い。またクラウドを活用する際には、サービス提供者のサービスレベルに準じた利用になるため、事前に SLA（サービス品質保証：Service Level Agreement）を確認することが重要になる。

デジタルツイン

◎デジタルツインとは

デジタルツインとは、物理空間のモノ・ヒト・プロセスを仮想空間に双子のように再現したもの、またはそれを活用したシステムのことである。

◎デジタルツインの活用例

デジタルツインを活用すれば、現実空間で物理的な実装・構築の前に、仮想空間で試作品やモデルを作成してシミュレーションできる。仮想空間でデザイン・修正したモノ・プロセスを物理空間に再現すれば、「双子」の関係が成立する。物理空間の動作結果をサイバー空間のモデルに反映して分析すれば、継続的な改善も可能になる。

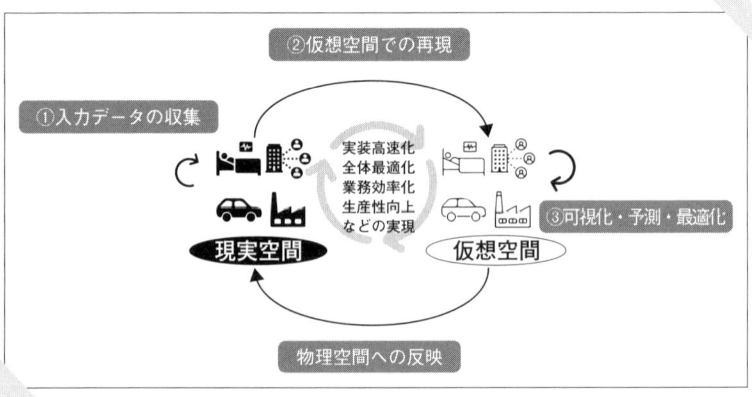

分野	ユースケース
モノ	機器の形・運動を３Ｄモデルにより再現する。
工場・建築・都市	３Ｄモデル上に稼働状況や建築の進捗する。
交通	交通状況を可視化する。
交通	利用客の移動経路のような顧客に関するデータを収集・可視化する。
業務システム	システムのログを利活用して業務プロセスをグラフ・フローチャートとして可視化する。
医療	ヒトの代謝や血糖値の測量、食事記録を活用してパーソナライズした予測結果をガイドする。
サプライチェーン	企業が外的環境（政治・経済等）の変化を収集・再現して、取るべき行動の最適化を図る。

◎デジタルツインのユースケース

デジタルツインの再現対象は工場、建築物、都市、ヒト、業務・製造プロセス、サプライチェーンなど多岐にわたる（図表参照）。

◎組織間に求められるデータ連携

企業は、日々拡大する収集データを活用してデジタルツインを構築し、全体最適の実現を目指すようになる。全体最適化のためには、複数の組織間のデータを活用する必要がある。企業はそのための仕組みづくりが求められるが、データの収集・連携がこれまで以上に大きな課題となる。

創出したい価値・解決したい課題等の目的を組織間で共有し、調整しながらデジタルツインを導入することが求められる。データのフォーマット共通化やシステム基盤の整備においても、自組織の部分最適ではなく、ステークホルダーも含めた全体最適の視点が重要になる。

執筆者略歴

片岡　佳子（かたおか　けいこ）
株式会社野村総合研究所 金融ITイノベーション事業本部 DX事業推進部 部長。金融DX領域でのリサーチ及び事業企画が専門。近年はサステナビリティ×金融をテーマにカーボン・クレジット市場、ReFi、サステナビリティ関連データ等の領域で事業化を検討するチームの取りまとめを担当。

太田　賢吾（おおた　けんご）
株式会社野村総合研究所 金融ITイノベーション事業本部 DX事業推進部 エキスパートコンサルタント。大手金融機関（銀行・証券・保険等）向けにリスク管理、コンプライアンス強化、BCP構築、バーゼル規制対応などを多数支援。また、金融IT領域における海外市場調査やグローバル事業の立ち上げに従事。近年はサステナビリティ×金融にデジタルを活用した新規事業創発に取り組む。

坂田　大樹（さかた　だいき）
株式会社野村総合研究所 金融ITイノベーション事業本部 DX事業推進部 シニアストラテジスト。大手生命保険会社・証券会社・資産運用会社向けシステム設計開発および新規事業開発を経て、現在は官公庁主導排出量取引システム設計およびカーボンクレジット市場の活性化検討等のサステナビリティ関連の新事業開発が専門。GHGプロトコル準拠Scope1，2計算システム開発、ファイナンスドエミッション計算コンサル等の経験もあり。

末永　彩（すえなが　あや）
株式会社野村総合研究所 金融ITイノベーション事業本部 DX事業推進部 シニアシステムコンサルタント。ファイナンスドエミッションや排出量取引等、サステナビリティ×金融をテーマにリサーチおよび事業企画に従事。本テーマ以前は大手金融機関におけるミドル・バックオフィス業務のソリューション開発等を担当。

堀　洋祐（ほり　ようすけ）
株式会社野村総合研究所 金融ITイノベーション事業本部 金融デジタルビジネスデザイン部 エキスパートコンサルタント。専門は金融領域におけるデジタルを活用した新規事業の企画。オープンイノベーションを目的としたベンチャー企業出資や、大手金融機関による新領域への進出サポート、事業会社による金融参入にも従事。

伊藤　賛（いとう　たすく）

株式会社野村総合研究所 金融ITイノベーション事業本部 金融デジタルビジネスデザイン部 シニアコンサルタント。暗号資産取引所の立ち上げ、トークノミクス/DAOの設計、ブロックチェーンを用いた事業開発が専門。2021年に米国アイビーリーグで初のMBADAOを設立。近年はWeb3企業のコンサルティングや国内外でDAO/NFTプロジェクトの立ち上げに携わる。コロンビア大学MBA修了。

中村　遼歩（なかむら　りょうほ）

株式会社野村総合研究所 金融ITイノベーション事業本部 金融デジタルビジネス推進部 シニアアソシエイト。国内大手保証会社向けソリューションの設計開発を経て、国内における複数の暗号資産交換業社の立ち上げ支援に従事したほか、FinTech企業を主とした事務リスク・システムリスク管理支援案件に数多く従事。近年はブロックチェーン企業向けシステム監査・法令・技術両側面からのコンサル支援の実施経験もあり。

深井　恒太朗（ふかい　こうたろう）

株式会社野村総合研究所 コンサルティング事業本部 金融コンサルティング部 サステナビリティ経営＆ファイナンスグループ グループマネージャー。専門はサステナビリティ、気候変動対応、サステナブルファイナンスに関するコンサルティング、など。国内金融機関等でサステナビリティ委員会の外部委員や、役員向けの研修会などにも従事。UCL公共政策（MPA）修了。

大向　望（おおむかい　のぞむ）

株式会社野村総合研究所 コンサルティング事業本部 金融コンサルティング部 サステナビリティ経営＆ファイナンスグループ シニアコンサルタント。専門はサステナビリティをキーイシューとした経営・事業戦略策定～実行支援、ESG個別課題対応支援、など。大手商社、コンサルティングファームを経て現職。

漆谷　真帆（うるしだに　まほ）

株式会社野村総合研究所 コンサルティング事業本部 金融コンサルティング部 サステナビリティ経営＆ファイナンスグループ シニアコンサルタント。専門はサステナビリティ経営全般の戦略策定～実行支援、ESG投資、組織風土改革、など。

滑川　正樹（なめかわ　まさき）

株式会社野村総合研究所 コンサルティング事業本部 金融コンサルティング部 サステナビリティ経営＆ファイナンスグループ シニアコンサルタント。専門はサステナビリティ経営、特に気候変動への対応に関するコンサルティング、など。都内銀行を経て現職。

中田　舞（なかた　まい）
株式会社野村総合研究所 コンサルティング事業本部 金融コンサルティング部 サステナビリティ経営＆ファイナンスグループ シニアコンサルタント。専門はマテリアリティと事業の両観点からの中期ゴールとマテリアリティ（重要課題）の設定、価値創造ストーリーの作成、など。

市原　敏揮（いちはら　としき）
株式会社野村総合研究所 コンサルティング事業本部 金融コンサルティング部 サステナビリティ経営＆ファイナンスグループ シニアコンサルタント。専門はサステナビリティ対応による財務影響の可視化、ESG 評価機関対応、など。

服部　ゆい（はっとり　ゆい）
株式会社野村総合研究所 コンサルティング事業本部 金融コンサルティング部 サステナビリティ経営＆ファイナンスグループ シニアコンサルタント。専門は地方金融機関における ESG ファイナンスに関するコンサルティング、など。

西内　彩乃（にしうち　あやの）
株式会社野村総合研究所 コンサルティング事業本部 金融コンサルティング部 サステナビリティ経営＆ファイナンスグループ コンサルタント。専門は人権対応、ESG 評価機関対応や、地域金融機関の ESG 金融促進支援、など。

中山　玲奈（なかやま　れな）
株式会社野村総合研究所 コンサルティング事業本部 金融コンサルティング部 サステナビリティ経営＆ファイナンスグループ コンサルタント。専門はマテリアリティの設定、地域金融機関の ESG 金融促進、など。

向井　俊輔（むかい　しゅんすけ）
株式会社野村総合研究所 コンサルティング事業本部 金融コンサルティング部 サステナビリティ経営＆ファイナンスグループ コンサルタント。専門は気候変動への対応、ESG 評価機関対応、など。

大杉　周平（おおすぎ　しゅうへい）
NRI セキュアテクノロジーズ株式会社 AI セキュリティ事業開発部 グループマネージャー、エキスパートセキュリティコンサルタント。専門は AI セキュリティに関するコンサルティング、リスク管理態勢の高度化支援、不正対策の高度化支援、など。

市川　智史（いちかわ　さとし）
NRIセキュアテクノロジーズ株式会社 AIセキュリティ事業開発部 シニアセキュリティコンサルタント。専門はAIセキュリティに関するコンサルティング、金融機関等の不正対策の高度化支援、内部不正検知ソリューションの導入支援、など。

赤木　翔（あかぎ　しょう）
NRIセキュアテクノロジーズ株式会社 AIセキュリティ事業開発部 シニアセキュリティコンサルタント。専門はAIセキュリティに関するコンサルティング、金融機関等の不正対策の高度化支援、など。

植田　晃行（うえだ　あきゆき）
NRIセキュアテクノロジーズ株式会社 AIセキュリティ事業開発部 セキュリティコンサルタント。専門はAIセキュリティに関するコンサルティング。

鬼頭　直希（きとう　なおき）
NRIセキュアテクノロジーズ株式会社 AIセキュリティ事業開発部 セキュリティコンサルタント。専門はAIセキュリティに関するコンサルティング、内部不正検知ソリューションの導入支援、サービスセキュリティに関するリスク分析、など。

出水　和徳（いずみ　かずのり）
NRIセキュアテクノロジーズ株式会社 デジタルビジネス開発部 エキスパートセキュリティコンサルタント。専門はセキュリティを必要とするアプリケーション開発、セキュリティ製品のインテグレーション支援、など。

太田　海（おおた　かい）
NRIセキュアテクノロジーズ株式会社 金融セキュリティコンサルティング部 エキスパートセキュリティコンサルタント。専門はIT/セキュリティに関わる個別リスクならびに分野横断的リスクの管理、など。

（敬称略）

『注目ワード』で読み解く 金融業界の新常識

〈検印省略〉

2024年1月1日　初版発行
1刷　2024年1月1日

編著者　株式会社野村総合研究所
NRIセキュアテクノロジーズ株式会社

発行者　星野広友（ほしのひろとも）

発行所　株式会社銀行研修社
東京都豊島区北大塚3丁目10番5号
電話　東京03(3949) 4101　(代表)
振替　00120-4-8604番
郵便番号　170-8460

印刷・製本／新灯印刷株式会社
落丁・乱丁本はおとりかえ致します。ISBN978-4-7657-4700-4　C2033